拡散するリスクの政治性

外なる視座・内なる視座

長島美織／グレン・D・フック／ピアーズ・R・ウィリアムソン 著

萌書房

はじめに

1　リスク時代における政治

　本書は，リスクという概念で特徴づけられる時代診断を意識した上で，社会の変容，そのなかでも特に「政治」の変容に焦点を当て，広くリスク社会論的観点から論じるものである。

　リスク社会論という考え方は，1986年刊行のウルリッヒ・ベック『危険社会』を嚆矢とするものであるが，近代化の作用と影響を考察する上で1つの有効な枠組みを提供している。社会学が大きく分けて，通時的視点と共時的視点からの研究に大別できることに伴い，社会学的リスク論も時代診断を主眼とする，変容に視点を置いた理論の流れと，共時的観点から社会の様々な構成システム間の関連性と相互作用に視点を置いたものに大別できる。これらの視点の違いはむろん傾向であって，2つの視点が相互に背反的であることを意味しない。むしろ，時代診断的な理論は，通常の説明的な理論と競合するものではなく，実はその前提となり，説明理論に時代的意義を与えるものである。[1]近年この時代診断という社会学の役割が忘れ去られることが多いなかで，リスク社会論のこの特徴は，とりわけ社会が変動する時代において重要なものである。

　この通時的視点に加えて，リスク社会論は，リスクの評価，分析，管理そしてそれを取り巻く言説において否応なく入り込んでくる政治性に関する視線を当初より維持してきた。国家や主権はもとより，日常生活の様式や行動規範にまで及ぶガバナンス[2]に関する論考や，社会的合理性と科学的合理性の相互依存と衝突，政治の脱拘束化（unbinding of politics）[3]をめぐる考察がそれである。近代という，私たちの存在のモードそのものがリスクを生み出す時代において，政治が，政党や議会を超えて，私たちの日常生活のあらゆる側面に拡散している。国家はもはや政治における唯一の中核的存在ではありえず，政治的決定の

i

プロセスは，経済，教育，メディア，科学技術など様々に媒介され，流動化し多層化している。リスク社会論は，このような状況の把握と解明に，一定の寄与をしてきた[4]。リスクの同定，比較，回避，伝達，意味づけといった過程でのリスクの構築性に注目し，リスク合理性が社会変容を推し進め，それが同時に個人のライフスタイルや，善悪や公正さの感覚に影響を及ぼすさまを，より繊細なレベルで開示してきた。

現代は，たとえ表面的には穏やかであっても，大きな変動の時代である。私たちは非−連続的な変容の時代に生きており，それはとりわけ危機の時代，リスクの時代として捉えられるものである。このような時代診断を視座としたとき，私たちは，国家を超えた視線，国家が課す境界を見据える視線，そして国内の視線という視座から，それぞれ科学，国民，メディアという現代の主要な3つの素材を通して，リスクの構築性と政治性を分析することを選んだ。政治的問題が細かく拡散して，私たちの日常をどのように規定しているか，そしてその政治的決定やガバナンスのプロセスがどのように流動化しているかを，リスクという概念を通して，より明示的に描き出すことを試みた。

2 キーワードとしてのリスクと政治

私たちが「リスク」という概念を中心概念として用いるのには，互いに密接に関連する3つの理由がある。まず1つには，それがもつ学術的価値ゆえである。絶え間なく変化する政治社会現象を捉えるときに，何かそれを通してみると社会のその時々の現実がよくみえるという概念があるが，リスクは現代におけるこういった概念の1つであると考えられる。「リスク」という学術概念を通して社会をみると，今まで見過ごされてきたもの，意識に上っていなかったことがより良く識別でき，社会の状況やその変容の様子が把握しやすくなる。とりわけ日本においては，3.11を境にしてやはり何かが大きく変わったし，また変わろうとしているという時代感覚が広がっている。私たちはリスク時代にもうすでに突入しているという認識である。

2つ目は，「リスク」という語彙が提供する，一連の概念圏がもつ現代性で

ある。リスクは，通常「安全」の反対語として捉えられるが，ルーマンは決定に関する参与を軸として，リスクと危険を弁別している。ある事柄は決定に参与できる人にとってはリスクであっても，決定に参加できない人々にとっては危険である。意識的に決定した上でのことであれば，リスクを「取る」ことになるが，予期をしていない被影響者にとっては，単に危険に遭遇したことになる[5]。このように，決定や選択可能性を導入すれば，すぐさまそれは「帰責」「モラル」の問題に関連づけられる。また，第1章でも述べるように，ギデンズやベックは，そこに人為性を軸としての対比を持ち込む[6]。これにより，「必然性と偶然性」，「回避可能性」，「予防」，「管理」，「伝統」，「自然」，といった概念がすぐさま連想される。このように，リスクを取り巻いて浮かび上がってくる概念は，それ自体においても，現代の社会を捉える上で重要なものとなっている。

　3つ目として，このような時代や社会をみる「概念」としてのリスクはさらに，多様な学問分野においてすでにかなり充実した理論体系を構築するに至っており（本書第1章参照），系統立った知識，事例分析，知見の蓄積や議論のための土台をもっている。リスクへの学問的アプローチには，大きく捉えて，リスクを同定・評価・管理するという方向と，リスクを通して私たちの文化や社会をより良く把握しようとする視線，そして，その中間として，人々がどうリスクを認識するのか，それはどのようにリスク表現やコミュニケーションと関連しているかといった観点からのアプローチ，の3つがある。これらの学問領域はむろん相互補完的であるが，1つひとつのリスクに対症療法的に対応するだけでなく，リスクという現象をホリスティックな観点から発展的に転換するためには，2番目の視線，とりわけ政治社会論的観点からの一層の探求が必要である。

　本書のもう1つのキーワードは，政治である。リスクの政治性を問題にするのは，リスクが今日ますます公的な意味合いを深めているにもかかわらず，それをめぐる意思決定が，従来の政治過程や組織，制度を飛び越え，潜在化し流動化しているという認識からである。

　長い間，政治は国家と結びつけて考えられるのが常であった。現代において

も，政治とは国家や地方自治体といった公権力が司るものであるという見方は日常的に受け入れられている．むろん，この結びつきは依然政治の中心部にあるには違いないが，20世紀に入って，国家に限らず，政治は社会の至るところに存在するという考え方が，権力論や公共性論の影響とともに広がってきた[7]．

本書はこのように政治を広く社会的関係に求めた上で，政治が扱うべき課題や決定のプロセス，メディアや科学，経済といったものの果たす役割，そして責任，権力の所在地や構成の変容を，リスクの政治性を手がかりに解明しようと意図している．グローバリゼーションが急速に進むなかで，日常生活に潜む政治性を描き出すことは，リスク研究において現代的な課題ゆえである．リスク，特に現代のリスクは，平常時と緊急時の境を貫通して作動している．リスクとその政治性への関心は，どちらの状況においても，ガバナンスと個人の関係，その社会構築性と現実，そして変容と継続のメカニズムに，より明確な眺望を与えるであろう．

3　本書の構成

本書は，5章からなる．第1章は，リスク研究の学際性について論じたものであり，リスク論に馴染みの薄い読者に対しての導入も兼ねている．ただし，現在のリスク研究全般を概観するということに加えて，リスク研究が学際性を備えていることを積極的に捉えるものである．リスク現象に対するより有効な枠組みを考えるならば，それは個々の専門領域内に収まるものではなく，それを包括する学際的視野が必要であるという主張を含んでいる．

第2章から第5章は，伝統的な政治アクターである国家をめぐって，それを超えた国際的なアクター，国家の境界をめぐる内外のアクター，そしてその内なるアクターに注目して，リスク構築を分析している．それらは，国際機関という「外なる視座」(第2章)，人口の統治を中心に国境自体を見据える視座(第3・第4章)，そして巨大災害に際して主に国内で作用したメディアという「内なる視座」(第5章)から，リスクの政治性を扱った事例研究である．

まず，第2章は，国際的で科学的な安全基準がもつ政治性をベックのサブ政

治の枠組みから分析している．国際的なリスクガバナンスにおいて従来あまり注目されていなかった科学的国際機関の役割に注目し，それがどのように国境を越えて，国家のリスク構築に影響するかを検証するものである．科学が近代の，とりわけ産業社会の，牽引力でありながら，同時にその危機をもたらしているものであることもまた，リスク社会論を通して前景化されてきた．科学という従来普遍的で客観的とされたものの不確実性，そしてそれに伴いある意味実用的な観点から行われてきた決定や決断が帯びる政治性に着目している．

第3章は，国家の「境界」そのものに注目し，日本国民が主権領土外へ渡航する際のリスクを事例として，国家と国民の間でのリスク分担の変容に焦点を当てている．国家が人口の統治において根本的な役割を果たしていることは，グローバリゼーションが進む現代においても，依然妥当性があるが，このなかで，自己責任という規範の喧伝とともに，国家と国民の間でのリスク分担が水面下で大きく変容している様相が多層的に描き出されている．この「リスクの再調整」というテーゼは，現代日本におけるリスクの構築と政治性の変容を考える上でとりわけ重要なものである．

第4章は，再び「国境」というものに焦点を当て，尖閣諸島問題を事例として，領土に関するリスクをめぐる国家の対応や，それに呼応する市場や社会の動向を分析している．領土は，国家によるガバナンスが具現する場である．しかし，人口をもっていない領土において国家は，どのようにリスクを管理するのだろうか．平常時において政府は，国民の生命や生活を維持するための基底的な役割を果たしているが，一方，緊急時においては，リスクの名の下に不平等な犠牲を強要することも可能である．領土問題という一見古典的な国際政治学的トピックをリスク社会論と日本研究の英知を駆使して論じたものであり，斬新で深淵な含意をもつ論考となっている．第3章では，国民が国境を越える際の統治の変容をリスクと責任の分担という観点から分析していたが，ここでは，居住者のいないところでの人口や領土の統治に光を当て，リスク回避における国民国家の役割とプロセスの変容，その市場や社会に及ぼす影響を扱っている．居住者のいない境界領土の統治に関する分析は，国家という，近代の底面で作動する構造のもつ政治性はもとより，その歴史的変容と継続を解明する

鍵となりうる。

　第5章は，国内に視座を置き，メディアのリスク構築を取り上げている。具体的には，リスクの社会的増幅理論を用いて，3.11直後の新聞報道の分析，とりわけ専門家によるリスク減衰の模様を分析している。現代において急速にコミュニケーションネットワークが浸透していることに鑑みれば，メディアがリスクの政治性解明において不可欠なものであることは論を待たないであろう。実際メディアの媒介なくしては，現在私たちがフォーカスしている公的リスクは，存在しえない。3.11のような危機的な状況における安全言説は，より権威主義的な立場からの構築が主流となり，前例を超える危険や不確実性に配慮したオルタナティブな言説は，ともすれば背後に隠されがちなことを，朝日・読売新聞を対象として緻密かつ学際的に論じている。専門家を重用したメディアの言説構築は，市井の人間の問題関心といかにかけ離れたものとなりうるかということへの率直な問いかけでもあり，メディアと専門家によるガバメンタリティに関して新しい光を投げかける刺激的な論考となっている。

　それぞれの章において，論証の完結性の観点から必要な理論立てを解説しているので，読者は興味のある章から自由に読み進めて頂けるはずである。各章における微妙な視点の違いもお楽しみ頂きたい。

　自然科学的なリスク分析や，コスト・ベネフィットに基づくリスク管理の限界はとみに認識されてきており，従来の枠組みでは根本的な問題の解決は導けないという知見が広がっている。また，急速に進むグローバリゼーションや，尖閣問題，3.11といった現在進行形のリスクにおいては，単に正確で豊富な情報や専門的知見を駆使した意思決定といったものだけでは，なかなか本質的な事態の打開につながらないことも多い。より広くより深い「リスク社会論」的な研究が求められるゆえんである。本書の意義はこの点にある。

　本書のタイトルは，アンビギュアス（ambiguous多義的）である。すなわち，それは，複数の意味合いを含んでいる。1つの解釈は［拡散するリスク］の政治性，そしてもう1つの解釈は，拡散する［リスクの政治性］である。前者の意味合いは，リスクの遍在性が引き起こす政治性である。リスクは日常生活のあらゆる場面に拡散し，私たちはもはやリスクと無縁には1日たりとも過ごす

ことができない。そしてそのような状況の中で、「公と公」、「公と私」、「私と私」といった多様なコンフリクトを常に意識せざるをえないような時代に私たちは生きている。加えて、後者の意味合いは、リスクというものがもはや安全といったものとの2項対立的な地位を捨て去り、新たなモラルの形成や統治の道具としての政治性を帯びていること、そしてその奇妙な現代的役割が急速に拡大していることと重なり合う。本書は、このような2つの意味合いが複雑に絡み合う現実の中で、いかに私たち市民が生の激流を渡りおおせるのか、この切実な問題に対する学問からのアプローチである。

注
1) ベック（2011）。また、リスク社会論という用語は、狭義にはベック理論を指すこともあるが、本書では、文脈に応じてゆるやかに、ルーマンやフーコー派のリスク論も含むような広義の意味合いでも用いていくこととする。
2) Foucault（1991）
3) Beck（1986=1992: 231-235）
4) 逆に山崎（2012）は、政治学の立場から、リスク社会論を援用し、民主主義という近代における根本概念を再構築している。
5) 小松（2003）、本書第1, 2, 5章参照。
6) Giddens（1999）、Beck（1986）
7) 川崎・杉田（2006）

長島 美織
グレン・D・フック
ピアーズ・R・ウィリアムソン

参考文献

Beck, Ulrich, 1986, *Risikogesellschaft: Auf dem Weg in eine andere Moderne*, Suhrkamp Verlag.（=1992, *Risk Society: Towards a New Modernity*, Mark Ritter trans., Sage）（=1998, 東廉・伊藤美登里訳『危険社会——新しい近代への道』法政大学出版局）

ベック, ウルリッヒ, 2011,「個人化する日本社会のゆくえ」ウルリッヒ・ベック／鈴

木宗徳／伊藤美登里編『リスク化する日本社会——ウルリッヒ・ベックとの対話』岩波書店, 245-274。
Foucault, Michel, 1991, "Governmentality," Graham Burchell, Colin Gordon and Peter Miller eds., *The Foucault Effect*, University of Chicago Press, 87-104.
Giddens, Anthony, 1999, *Runaway World: How Globalisation is Reshaping Our Lives*, Profile Books. (=2001, 佐和隆光訳『暴走する世界——グローバリゼーションは何をどう変えるのか』ダイヤモンド社)
川崎修・杉田敦編, 2006『現代政治理論』有斐閣。
小松丈晃, 2003『リスク論のルーマン』勁草書房。
山崎望, 2012『来たるべきデモクラシー——暴力と排除に抗して』有信堂高文社。

目　　次

はじめに

第1章　概念としてのリスクとリスク研究の学際性 …………………… 3

1　はじめに　4

2　リスクの語源　4
riskの語源（4）／日本語のおける「リスク」（6）

3　学術的な概念化の起源　9

4　リスク研究の学際的広がり　10
客観的・技術的アプローチ（12）／1次元的リスク分析の限界（13）／多次元的リスク研究(1)――心理学的リスク論――（16）／多次元的リスク研究(2)――文化・人類学的リスク論――（17）／多次元的リスク研究(3)――社会学的リスク論――（19）

5　おわりに　24
――学際性と専門性――

第2章　リスクの不確実性と不確実性のリスク ………………………… 37
――国際的科学評価というサブ政治――

1　はじめに　38
グローバリゼーションとリスク管理の国際化（39）／科学と政治（40）

2　不確実性，サブ政治，ガバナンス　42
不確実性とリスク（42）／リスクをめぐる政治性（47）

3　ICRPの成り立ちとその基本勧告　50

4　ICRP勧告にみる科学のサブ政治　53
放射線の人体に対する影響（54）／放射線荷重係数と組織荷重係

数（54）／シーベルトという単位（55）／さらなる論議（56）／ICRP2007年勧告における不確実性の扱い（57）／不確実性の固定と判断――ガバナンスとサブ政治の観点から――（59）

　5　おわりに　63
　　　　――リスク選択の構築性と再帰的科学の可能性――

第3章　リスクの再調整と日本国民の統治 …………………… 77
　　　　――国境を越えることと国家の役割――

　1　はじめに　78

　2　リスクを（再）調整すること　79

　3　国境を越えることとリスク　81

　4　リスクと責任　89

　5　おわりに　93

第4章　日本のリスキーな境界 ……………………………… 101
　　　　――領土主権と尖閣諸島のガバナンス――

　1　はじめに　102

　2　リスク研究の方法　103

　3　背　景　105
　　　　――領有権係争――

　4　リスク　108
　　　　――安全，コスト，そしてガバナンスに対する含意――
　　　　リスク，安全，ガバナンス（108）／リスク，コスト，ガバナンス（114）

　5　おわりに　118

第5章　支配的ディスコースにおけるリスク減衰 …………… 131
　　　　――朝日・読売新聞における東電原発危機初期報道の比較から――

　1　はじめに　132

　2　理論的背景　133
　　　　リスクと危険（135）／リスクコミュニケーション――SARF――

　　　　（136）／ディスコース，リスク，権力（137）／メディアとフレーミング（139）／科学，権力，コミュニケーション（140）

3　原子力災害の経験的な背景　　142
　　　　――東電の役割――

4　原発危機に関する初期報道　　145
　　　　――爆発の直前（3月12日朝・夕刊）――

　　3月12日朝刊――現在への注目と未来の無視――（146）／3月12日夕刊(1)――防護策への集中と語られないリスク――（150）／3月12日夕刊(2)――専門家によるリスク減衰――（153）

5　原発危機に関する初期報道　　154
　　　　――爆発の直後（3月13日朝刊）――

　　炉心溶融と格納容器の損傷――過去との比較――（154）／最悪のケースの操作（157）／専門的・技術的フレーミング（158）／海外メディアとリスクの減衰（161）／情報とコミュニケーション（162）／混乱する健康リスク（164）／「危険」というオルタナティブなディスコース（167）

6　おわりに　　168

　　　　　　　　　　＊

おわりに　　177

拡散するリスクの政治性
―― 外なる視座・内なる視座 ――

第1章
概念としてのリスクとリスク研究の学際性

長島美織

1　はじめに

　リスクは現在，広範囲にわたる学術領域で研究対象として扱われている。本章では，この多様で複雑で急速に拡大しつつあるリスク研究全般について，若干のレビューを行う。その目的は3つである。1つには，リスク研究に馴染みの薄い読者のために簡単な鳥瞰図を提供し，後続の章への導入を図ることである。2つ目としては，本書が採っている社会学的リスク論の，リスク研究全体における位置づけやその意義を確認すること，そして，最後に実践的で有効なリスク論のためには，健全な学際性が必要なことを示唆することである。より全体的な視野をもちつつ，新たな個別研究を醸成する土壌をやしなうための導入としたい。

　これは，本書がフォーカスする社会論的なアプローチに正しく到達するためのいわば外堀を埋める作業でもある。そしてなぜ外堀を埋めずに飛び越えて専門に向かわないかといえば，第5節で触れるようにそのような専門的な研究のはらむリスクが，現在引き起こされているリスクと実は親和的でもあるように思えるからである。

　第2節では，言語学的観点から簡単にリスクの語源や日本での用法をさぐり，第3節では，その学問的概念化の起源を論じる。第4節では，学問的広がりをレビューし，第5節でリスク研究における専門性と学際性の相互補完性について論じ，まとめとする。

2　リスクの語源

riskの語源

　リスクという用語は現在，各国で，日常的にも学術的にも多彩な文脈で使われている。英語のriskに関しては，*OED*（*Oxford English Dictionary*）に詳しい記述があるが，それによると，イタリア語を経由して，16世紀にフランス語から英語に入ってきたと考えられている。イタリア語のriscoは，「損失の可能

性や望まない結果」を意味し，フランス語のrisqueは「（それが予想可能にしろそうでないにしろ）危険や不都合」を意味した。さらに遡って，それらの基となったポスト古典期のラテン語（post-classical Latin）resicumやrisicumにおいては，もっぱら商業的な文脈においての「危険，ハザード」を意味していた。

それ以前の起源については2説ある。1つは，古典ラテン語から，ポスト古典期のラテン語に連なる経路を取る説であり，もう1つはアラビア語から，ポスト古典期ラテン語resicumにつながるという説である。

前者の広く受け入れられている説によると，ポスト古典期のラテン語*rese-cum[1]は，もともと「それをもって切るもの」つまり「岩，険しい岩山，岩礁，暗礁」を意味した古典ラテン語resecāreから，海での移送や旅行に伴って生じるハザードといった含意を伴って成立してきたと考えられている。この説は，英語やロマンス語の初期の使用がほとんど海洋に関する文脈だということと適合するが，文献的に十分検証されていない推論も含んでいるという留保がついている。

他方，ポスト古典期のラテン語resicumやrisicumは，アラビア語のrizqからきているとする説によると，アラビア語のrizq[2]の「人がそこから利益を得たり，有効性を引き出すもの」という元来の意味から，特に「幸運，運命，偶然」という意味合いに焦点が当たりそれが変化したものであるとされている。

これら2説の論争をこれ以上吟味することは，本章の範囲を超えるが，いずれにしても，riskの語源は，ポスト古典期ラテン語のresicumやrisicumまではほぼ確実に系統づけられる。そしてそれは，上で述べたように危険やハザードを意味するものであった。

*OED*に収録されている英語の例文は，1621年のものが最も古いものの1つであるが，それは以下の通りの文章である。

> The couetous Marchant to runne vpon all hazards and risques for a handfull of yellow earth.

run risques（= risks）といったイディオム的な用法は他の例文においても多く

みられるものである。このrunやtakeといった動詞との共起（run a risk, take the riskなど）がもたらす「リスクを冒す」「リスクを取る」といった意味合いは，リスクが行為者の意思によって選び取られるものであるということを如実に示している。これは，後でみるような保険との関連，リスクをめぐる決定者と被決定者の関係，外的／人工リスクの区別を示唆するものである。

日本語における「リスク」

　日本語には，英語のriskの借用として，早くは1950年代から限られた範囲での使用が認められ，その後1980年頃からより広い文脈で急速に用いられるようになった。『現代用語の基礎知識』（自由国民社）は，1948年創刊以来，現代日本における様々な用語を解説しているものであるが，1955年が「リスク」という用語の初出である。そこでは，リスクは，「危険，偶然の事故。保険者の責任，被保険物，危険負担」と説明されている。日本においても，「リスク」は保険制度を中心に導入されてきたことがわかる。この記述は，1972年に「危険。保険者の責任。被保険物。損失の負担。偶然の事故」と若干ゆれが生じ，1973年に「危険。保険において損害を受ける可能性」と　より保険制度と密着した定義に変化するまで，18年間おおむね同じである。73年の説明はその後84年までさらに10年以上にわたって維持されるが，その間，78年にリスク・マネジメント「危険管理」が登場し，経営用語の分類下で詳しく説明されることとなる。また82年から次第に「リスク・コントロール」「リスク・ファイナンス」といった言葉が導入されるようになった。

　その一方で，「リスク」という用語自体は，85年から姿を消すこととなり，それは95年まで10年間続くことになる。再び単独で表出するのは，96年であるが，これも総索引には単独で表出しているものの，それ自体の定義はなく，健康・医療という分野での「災害心理学」に関する記述の一部で以下のように言及されるに留まる。

　　災害心理学〔accidental psychology〕　災害意識，災害防止，災害後の心的ケアなどを研究する分野。新しい分野ではないが，大規模災害やテロの発生のた

びに，この分野への関心が高まる。**リスク**（危険）をどのように考えているか（認知）やリスク時にどのように行動するか，またどのような対策をとるべきか（**リスク管理**）といった問題も，これに含まれる。[3]

この状況は，1999年まで続き，2000年には，リスク単独での定義はないまま，上記の災害心理学中での定義に加えて，経済・経営分野の株式市場の分類で，「リスク／リターン」として，投資家のリスク回避行動，リスク・プレミアム，ファンドなどといった事柄と併せて解説されることになる。

リスク／リターン〔risk/return〕　投資家は一般的にリスク回避的である。株式のようなリスクの高い資産を投資家はなぜ保有するのであろうか。それはリスクにプレミアムがついているからである。株式収益率の長期的平均は過去のデータから預貯金利子率よりかなり高かった。預金金利より高い部分が**リスク・プレミアム**である。プレミアムはリスクの大きさに応じて決定され，高いリスクの株式は平均的には高いプレミアムがつく。リスク回避的投資家はリスクを減らすためにファンドを作って分散投資を実行するが，分散化は銘柄ごとの収益の変動の違いからファンドの変動を平準化させる。ファンドを作っても消えないリスクから各銘柄のリスクを取り出したものが**βリスク**とよばれるものである。**CAPM**（資本資産価格形式モデル）では，βリスクとリターン（平均的収益率）は正で線形の関係になる。[4]

この「リスク／リターン」の項目は，2008年まで継続して表出する。2001年は2000年と同様，「リスク／リターン」と「災害心理学」のなかでリスクが定義されるという状況が維持されるが，2002年になって，災害心理学のなかでの定義は消え，「リスク／リターン」の項目のみでの記述となる。さらに2003年には，この「リスク／リターン」の項目に加え，「バリュー・アット・リスク（VaR）」の項目内で，金融リスクと関連づけられることになる。この「バリュー・アット・リスク（VaR）」は2003年の1年のみで消えるが，この間，リスクに関連する言葉も「リスクアセスメント，リスク・アセット・レシオ，リス

第1章　概念としてのリスクとリスク研究の学際性　　7

ク管理債権，リスク管理債権と自己査定の違い，リスク・コミュニケーション，リスク・プレミアム」といった形で金融リスクとの関連で増加している。2004年には「リスク／リターン」に加えて，「リスク心理学」の項目が登場し，日本リスク研究学会によるリスクの定義が引用されている[5]。

> **リスク心理学**〔risk psychology〕 **リスク**とは，「生命の安全や健康，資産や環境に，危険や障害など望ましくない事象を発生させる確率，ないし期待損失」である。（日本リスク研究学会）。
> リスク心理学は，リスク認知とリスク行動の特性，および，リスク管理の手法とに目を向ける。
> **リスク認知**とは，例えば，原子力発電所をどれくらい危険なものとみなすかである。原子力発電所の事故の客観的な確率や災害の規模よりも，「恐ろしさ」「未知性」「情報接触頻度」さらに「リスク事象への能動的な関与の度合い」などによって規定されている。
> **リスク行動**とは，リスクをどの程度まで見込んで行動するかである。これを**リスク・テイキング**（risk taking）**行動**という。利便性や利益がもっぱらの規定因であるが，スポーツなどでは自己顕示力（いいところを人にみせたい）などもかかわることがある。
> **リスク管理**とは，もっぱら組織としてリスクにいかに対処するかを考えることである[6]。

その後，「リスク社会」が国際情勢の分類で2010年に登場，人間の安全保障やグローバリゼーションとの関連で論じられる。

> **リスク社会** われわれは長年，文明が進歩し，社会が豊かになると，人間の安全は増大すると信じ込んできた。しかし，実際は，文明が進展すると，人間にとってのリスクは増大してきているようだ。（中略）文明が進歩するにつれて，なぜこんなにリスクが拡大するのだろうか。ひとつの理由は，現在の物質文明は絶えず生産力を拡大することによって発展してきているので，生

産力や技術の規模の拡大により，地球温暖化など，環境への悪影響もそれだけ増大していることがある。（中略）第2に，今日の文明は階層対立を軸とする社会関係によって作られてきているので，その中で貧富の格差や地域格差が拡大し，南北，貧富，ジェンダー等の対立を導いてきた。（中略）現在の物質文明は，環境と社会面での2大リスクを軽減するに至っておらず，それが，近年世界的に人間にとってのリスクが増大してきた背景を成している。また，グローバリゼーション進展の中で，従来，先進福祉国家で人間の安全保障の主要な手段であったセーフティネットが，政府の財政赤字，雇用不安や社会の高齢化によって，うまく機能しなくなってきた事情も考慮に入れなければならない。途上国ではより直接的に，戦争や環境悪化や飢えと人々は向き合っている。[7]（以下省略）

2011年には一旦消えるものの，2012年には，文化の分類で，ウルリッヒ・ベックの概念として紹介され，東日本大震災とも関連づけられている。

リスク社会〔risk society〕「リスク社会」は，ドイツの社会学者ウルリッヒ・ベックの概念である。一つの社会は外見上は安定しているように見えるが，常に「危険」を内側にも外側にも隠れたかたちで抱えている。実際に，東日本大震災では，福島原発のメルトダウンという現実の大事故が起きた。「リスク社会」の具体化である。[8]（以下省略）

以上の概観からわかるように，リスクは，保険や投資，ファイナンスの分野では，初期の段階から安定して用語として取り入れられてきた。その一方で，社会的な概念としては，心理学，国際情勢，文化といった分類のなかで，その時期それぞれに影響づけられ，色合いが変化していることがみて取れる。

3　学術的な概念化の起源

さて，このようなリスクという用語が学術的な概念として使われだしたのは，

18世紀に遡ることができる。リスクという概念は，前節でみたように，中世における貿易やそれを司る航海（技術），地図のまだ存在しないところへの探検航海などと密接に関わって，現在用いられているような意味を蓄えてきた。そして航海にまつわるリスクの軽減のために保険制度が発祥したということもまたよく知られていることである。

　この保険という概念と制度の発達につれて，リスクという概念が蓋然性に基づく予測と密接に連関してくることとなるが，これを推し進めるためには，数学における確率論の発達（18-19世紀）が必要であった。[9] ヤコブ・ベルヌーイとダニエル・ベルヌーイによる「大数の法則」の発見がそれである。ヤコブ・ベルヌーイ（Jakob Bernoulli, 1654-1705）によってその基礎が築かれたとされるこの法則は，死後刊行された著作『*Ars Conjectandi, Opus Posthumum*（推測法，1713）』において「ある現象の起る確率をきめるには，それを数多く繰り返して，その現象の現れる頻度を求めると，繰り返す数が多いほど相対頻度は正しい確率を示す」として定式化されている。[10] その後，甥のダニエル・ベルヌーイ（Daniel Bernoulli, 1700-1782）は，1738年に，「リスクの測定に関する新しい理論」というラテン語で書かれた論文を，学術雑誌『ペテルブルク帝国アカデミー論集』[11]に掲載，多くの人は，確率論に基づくリスク計算に基づき行動するのではなく，損失の方を重く認知し，リスクを取ることを好まないという傾向があると論じた。[12] まさに，一般の人々のリスク認知と客観的リスク計算のずれである。

4　リスク研究の学際的広がり

　このように保険学およびその基礎をなす統計学においてリスクの学問的概念化が始まったが，近年それは広範囲の学問領域に広がっている。「リスク」という学術概念が「将来における望まない結果」といった一応の意味合いを共通にもつとしても，それが実際どのように概念規定されるかについては，それぞれの学問分野が援用するパラダイム，つまり知識表現の理想モデルやその構成と基本要素，ひいてはその概念的前提に依存するものである。ここでは社会科[13]

図1-1 リスク分析視点の系統的分類

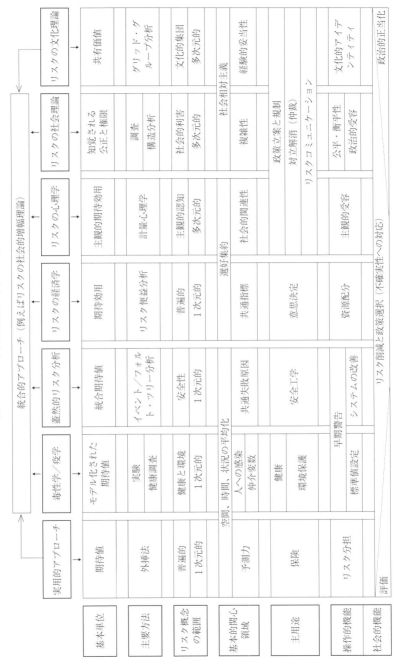

出典：Figure 3.1 A Systematic Classification of Risk Perspective (Renn 1992: 57) を訳出。

学の分野に重点を置きつつ，リスク研究の学際性について，ごく大まかに見取り図を描きたい[14]。

客観的・技術的アプローチ

　初期の，しかし現在でも有効な，分野間の比較は，レンにみられる[15]。図1-1の中頃「リスク概念の範囲」の1次元的／多次元的の区別に伴い，リスク研究はまず大きく2つの系列に分割できる。1次元的リスク概念の領域は，主に保険（学），健康や環境問題を対象とする毒性学や疫学，安全工学，経済学に代表される。これらの領域では，統計学的／蓋然的なリスク概念を援用しており，その意味で数学や論理学を前提としているといえる[16]。

　船の航海とリスク概念の発達に密接な関連があることは上でみたが，リスクの分散を図る「保険」という考え方も中世の貿易の発展とともに誕生し，時を経るごとに洗練されていく。そこでは，リスクという用語は，少なくとも3つのことを意味しうる。それらは，事故率 (the chance of loss)，損失の蓋然性 (the possibility of loss)，そして不確実性 (the uncertainty) である[17]。これに加えて，予想された危険率と現実の危険率の差異としての保険技術的危険もリスクと呼ばれることがある。この差異は，まさに保険業にとっては重要で中心的なリスクである。

　また，毒性学や疫学などに代表される分野においては，生活習慣と疾病や死亡要因の関連や，食生活，またとりわけ第2次世界大戦後，合成化学物質が多く使われるようになったことも踏まえて，農薬や食品添加物，日常における化学物質に対するばく露，また医療品の安全性，放射線に関する安全性など，様々な研究が行われている。一般に医学や自然科学においては，リスクは客観的実在として扱われており，その頻度や大きさ，発生状況などがリスク分析の対象となっている。

　さらに，産業化の文脈で技術革新が進み，機械化や大工場化が進むなかで，その複雑なシステムの制御と安全性維持のための安全工学的なリスク分析が進むことになる。例えば，北ヨーロッパにおける北海の天然資源開発において用いられた工学的リスク・マネジメントの手法は，後にアメリカやカナダなどで

も応用・改良されることとなる[18]。また，オペレーションリサーチやシステム分析といった異なった名称の下でも，19世紀半ば以降，大企業や軍事部門でリスク・マネジメント手法の開発と研究が盛んとなる[19]。

　経済学におけるリスク研究も産業化の文脈で捉えることができるが，まずナイト（Frank Knight, 1885-1972）が，確率を計算できるか否かでリスクと不確実性（uncertainty）が区別できるとして先鞭をつけたとされる[20]。その後，ケインズ（John Maynard Keynes, 1883-1946）が，確率といった過去のデータではなく，将来の不確実性を扱う蓋然性（probability）が実世界においてはより強く行動決定に作用しているということを示し，そしてさらに，アロー（Kenneth Arrow, 1921- ）が，リスクと行動がどのように結びついているかについて意思決定理論（decision theory）を発展させた[21]。

　このような流れは，数学におけるリスク概念の扱いを直接応用したものであり，リスクを客観的な実在や問題とみなす点で安全工学や医学における扱いと共通する点がある。しかしその一方で，1つの重要な違いは，経済学における「効用」（utility）という概念の導入にみることができる。

　リスクとしての対象を，予測される損害から予測される効用にシフトさせたことにより，次の2つのことが可能となる[22]。1つには，物理的・身体的な損害のみでなく，心理的・社会的な結果に対しても，主観的な効用（プラスにしてもマイナスにしても）が規定できるようになるということ，そしてもう1つは，様々な状況において，主観的な効用という概念を用いることにより，リスクとチャンス（あるいは，損失と利得）を直接勘案することが可能となるということである。リスクを効用で表現することにより，経済学はリスク分析をより一般的な費用対効果分析の一部として取り込むこととなる。リスクへの経済学的アプローチは，この意味で，1次元的アプローチから多次元的アプローチへの拡大のきざしをもつものと位置づけられる。

1次元的リスク分析の限界

　このような客観的・技術的アプローチは，しかし次第に，その現実的有効性が俎上に載せられることとなる。このような分野においては，リスクは，通常，

［損害の大きさ］と［被害の生起確率］の積で表され[23]，一定の条件が整っているところでは，明確なリスク評価を与えうる。より具体的には，以下の3つの条件が満たされている場合には，客観的・技術的アプローチは効率的・効果的なリスク評価を与えうる[24]。

(i)　原因や対応する結果が特定／モデル化できる。
(ii)　それらが何らかの形で計測可能な形に落とし込める。
(iii)　原因と結果を抑制するための何らかの方策がある。

しかしそのような条件に収まらないリスクが1980年代以降多数現実化することにより，このアプローチの適用範囲の見極めが多方面から提唱されるようになった[25]。

現実面ではとりわけ，ウィンズケール原子炉火災事故（イギリス，1957年），セベソ事件（イタリア，1976年），スリーマイル島原発事故（アメリカ，1979年），ボパール化学工場事故（インド，1984年），チェルノブイリ原発事故（ソ連，1986年），エクソンバルディーズ号原油流出事故（アメリカ，1989年）などの重大事故は，科学的リスク評価と現実との乖離を印象づけることとなる。

学術的にも特に社会科学分野を中心に，多くの批判が提出されることとなる。それらは，レン[26]にならって，以下の5つにまとめることができるだろう。

① 嗜好や価値観からの影響
　人々がどのようなことをリスクとして認識するかは，価値観や好みによって影響を受ける。客観的・技術的アプローチは，これを考えに入れていない。
② 人間活動の複雑性
　現実の人間活動とそれが引き起こす結果は，複雑で繊細で一回性という性質をもっており，客観的・技術的リスク評価においてなされるような平均化された蓋然性といったものに収まりきらない。
③ 組織の脆弱性

リスクを管理・制御する組織構造自体が，リスクを増加させるような組織的欠陥や失敗を引き起こす可能性がある。
④　リスク評価の科学性
リスク評価は，価値観が入り込まない完全に客観的な科学活動ではない。
⑤　リスク認知とのずれ
上でみたように，リスクは通常，［損害の大きさ］と［被害の生起確率］の積として数値的に捉えられるが，これは，［損害の大きさ］と［被害の生起確率］という2つの要素の同等の重きづけを前提としている。しかし，人々はそのようには判断しない。

　このリストから読み取れるように，これらの批判は，技術的・数量的リスク分析自体に対する批判というよりは，それが捨象した部分やそれが前提とみなしていることに対する異議申し立てである。技術的・数量的リスク分析のみで，全てを処理しようとする1次元的視点への批判である。また，①や⑤に顕著であるように，「人々はリスクをどう捉えるのか」という点を正面から打ち出すことにより，客観的軸に対するもう1つの軸を立てようとする反応であるともいえる。これら一般の人々の認知や論理，合理性といったことへの視線は，あまりにも急速で大々的な技術開発や産業化に対する人々の疑義と相まって，客観的リスク評価の独占を見直す動きを生じさせることとなった[27]。
　技術的リスク評価と論理は，それ自体の欠陥や不備によってではなく，このような，客観的リスク評価の独占に対する異議申し立てによって，真の危機に瀕することとなる[28]。これはとりわけ，リスクの扱いが政治やメディアの舞台に上がることによって加速される。健康被害や環境問題，そして産業事故といった様々なリスクにおける公的な対応が重要な政治的課題であると認識されるにつれ，人々のリスク評価は，いかに客観的リスク評価と異なるか，「非合理で感情的」とされる人々の反応がいかなる意味でコンティンジェント（contingent, 別様）な合理性を備えているか，そして，いかに専門家，素人，行政といった様々な立場間でのコミュニケーションが可能かといったリスク研究の新しい領域が開けてくる。次にみる心理学的リスク研究が嚆矢であるが，これを契機と

してさらに図1-1における多次元のリスク概念でグループづけられる一連のリスク研究分野も生まれてくることとなる。

多次元的リスク研究(1)――心理学的リスク論――

　ジンとティラーグービー[29]が指摘するように，政治家や政策決定者にとっての問題関心は，あるリスクが技術的に解決できるかというよりは，それに関する自らの政策決定が人々にどの程度受け入れられるかということである。このシステム論的思考形態[30]により，人々のリスク認知という側面が前景化することとなる。これらの政策的需要に対する初期の反応としては，もと工学系の技術者であるスターの『サイエンス』に掲載された論文[31]がよく知られており，それがさらに心理学的リスク研究の一連の流れを引き起こしたことになる[32]。

　リスクの心理学的研究は大きくリスク行動・認知研究とリスク・コミュニケーションに分けられるが，前者のなかでさらに2つの流れが区別できる。1つはトベルスキーとカーネマン[33]に代表される行動主義的意思決定理論の流れ，もう1つはオレゴン大学のグループによる計量心理学的手法を用いたリスク認知の研究である[34]。これらの主観的なリスク認知やリスク行動の対照軸には，「客観的リスク」が前提とされている。客観的リスクは，自然科学的なデータや結論であったり，自己利益的な計算に基づく合理的行動から生じるものであるが，人々はこのような客観的リスクとは必ずしも一致しない別の基準をもっていることが明らかになっている。また，日常的に私たちを取り巻く数あるリスクのうちどのようなものがどのような状況で受容可能なリスクとなるのかという研究も派生している。フィシュコフら[35]は，それを決断の問題と定式化した上でその決断の質を高めるための方策を検討している。

　さらに，前述のリスク認知の研究と関連しつつも異なった理論構成と焦点をもつものに，カーネギーメロン大学のメンタルモデルに基づくリスク・コミュニケーション研究の流れがある。この潮流の最も初期の研究成果として，アトマンら[36]があり，リスク・コミュニケーションを企画・作成する側を援助するための系統立った方法が提案されている。ここでのリスク・コミュニケーションは，口頭のものではなく，パンフレットなど書いたものによるものが想定され

ており，このメンタルモデルアプローチは，認知研究における概念マップなどのメンタルモデル研究とテキスト理解研究を基に構築されたもので，何を伝えるかという内容と，どう伝えるかというテキスト構成に分けて，コミュニケーションの設計を考えている。そして，前者の内容分析として，専門家による基本的情報の構造に加えてメッセージの受け手が予めもっている知識やその偏り，誤解などを考慮に入れなければならないとして，メンタルモデルを使った記述や比較を行っている。また後者のテキスト構成においてテキスト理解研究の知見を様々な形で応用している。実際，室内ラドンのリスクを事例として，彼らは2種類のパンフレットを自ら作成し，EPA (United States Environmental Protection Agency, アメリカ合衆国環境保護庁)のパンフレットと併せて，どのような情報が選択され，どのように表現されているかの比較分析を行っている。

さらに，その第2部となる論文として，ボストロムら[37]は，リスク・コミュニケーションの成功度をどのように評価するかという問題に取り組んでいる。パンフレット読後の理解テストや質的インタビューといった一連の評価方法を提案しているが，このなかで，特徴的なのは，認知研究から応用された「Think-aloud」(考えていることを言葉に出す)による評価方法である。これは，パンフレットを声に出して読んでもらい，それに伴って頭に浮かぶ考えも，口に出して表現してもらうという方法である。このリスク・コミュニケーションのためのメンタルモデルアプローチは，より発展させられた形で具体的な事例とともに，モルガンら[38]にまとめられている[39]。

日本においても，リスク心理学の領域は，比較的早くから紹介されており，多くの貴重な研究が蓄積されてきている[40]。リスク心理学はこれらの議論を通して，公共政策に深く関与している。

多次元的リスク研究(2)——文化・人類学的リスク論——

一方，このような心理学的リスク認知研究に疑問を呈したのが，メアリー・ダグラスに代表されるリスク文化・人類学的研究である。それは，上記でみてきたような客観的・技術的なリスクと個人のリスク認知を直接対比させることに対する問題提起でもある[41]。

ダグラスとウィルダフスキー[42]は，物理的世界と人間心理という二分法によると，外界の因果関係は個人的認知とはまったく異なるものとして扱われ，その結果として自然科学は正しく，心理学は人々の誤謬や幻想を扱う分野としてのみ規定されるようになるとして，この二分法を批判している。この自然と人間という二分法によると，物理的状況の直接的結果としてリスクが位置づけられるのに対して，リスクに対する人々の態度は，単に個々人のパーソナリティに帰着させられる。

　しかし，この二分法がもたらす両面，つまり客観的リスク評価もリスク認知も，どちらか一方のみでは，現実のリスク対処において十分でない。客観的なリスク評価のみでは，科学技術のもたらす効用と害のバランスをはかることは狭い技術的問題に押し込められることとなる。また他方，心理学的リスク認知もそれのみでは，確たるものを提供しない。自らの文化に浸りながら，自分の状況をみようとしても，それは単に捏造を生み出すのみだからである。リスクに関する評価には避けがたく道徳的・政治的判断が関わっており，その基となっている前提，つまり文化的なものを明らかにする必要がある。

　　私的で主観的な認知と公的な自然科学の間に，共有された信念と価値という
　　中間領域，つまり文化が存在する[43]。

両極を仲介する重要な構成物である文化は，よく知られているグリッド・グループ理論によって分類される。グループとは，人々が自分たち自身と外界の間に立てた外壁を意味し，社会集団に対して個人がもつ集団意識の強さに関する指標である。グリッドとは，人々が互いにどのように振る舞うかを限定するのに使われる社会的区分や権威づけを意味し，行動の自由度に関する指標である。これらの組み合わせにより，階層的社会，個人主義的社会，そしてセクト的社会が区別される[44]。

　この枠組みはトンプソン[45]によってリスク研究と結びつけられ　レイナー[46]やグロスとレイナー[47]によってさらに発展させられている[48]。文化的リスク研究の最近の発展としては，ラプトン[49]やトロックとラプトン[50]などが挙げられるが，これら

は，ダグラス流のリスク文化研究の系統というよりは，カルチュラル・スタディの影響を取り込んでいるものと位置づけられる．

多次元的リスク研究(3)——社会学的リスク論——

　これらの分野と比較すると，社会学におけるリスク研究は比較的新しいものであるといわなければならない．欧米では，1980年代から，日本においては，2000年代から大きな隆盛をみている[51]．社会学的リスク研究は，先に述べた自然科学的リスク研究とは異なり，直接リスクを確定するというよりは，リスクが社会や政治，経済において，どのように扱われているかに注目する．リスクという現象が社会でどのような意味や役割，意義を負っているか，どのような変化を社会や個人に引き起こしているか，また逆にリスクはどのような変化をもたらすために喧伝されているか，どのような言説を生み出し，どのような意図からどのように利用されているか，どの視点からのリスクか，といったことが研究関心である．この意味で社会学的リスク論は，抽象度を一段階上げたレベルでの考察であるといえる．このなかでも様々な研究方法が採られているが，ここでは，ベック流のリスク社会論とフーコーに端を発するガバメンタリティの2つの潮流について取り上げたい[52]．

　リスク社会論という新しい分野に先鞭をつけたのはベックの『危険社会』[53]およびそれに続く一連の研究である．それは，近代化理論，個人化論，そしてサブ政治論という3つの側面をもっていると考えられる．

　まず，近代化理論としての側面は，リスクという観念の社会における位置と価値を1つの指標として，伝統社会から初期近代へ，そして後期近代への移行を捉える視線，そしてそのなかで近代というプロジェクトのもたらした意図せざる変容を見据えようとする視線，として把握できる．

　ここにおいて，リスクは，それぞれの時代によってその具体的内容や布置連関（constellation）を与えられる観念であり，共通する意味合いとしては，「将来における望まないできごと」といった基本的意味合いしかもたず，ましてや一貫した定義などというものは存在しない．むしろ，マンハイムの提唱した言語分析的な手法でリスクをめぐる意味や文脈の変容を分析し，時代診断の中心的[54]

第1章　概念としてのリスクとリスク研究の学際性　　19

な指標としていると考えられる。

　より具体的には、ギデンズの外的リスク (external risk) という言葉が端的に表すように、伝統社会においては身分制などの伝統的制度や自然といった、個人ではコントロールができない外部がもたらすものがリスクの大半を占めた。リスクは、コロンブスなど探検家や貿易商人といった、そのような社会において決断を許された一部の人々にとってのみ許されたもので、その損失はその個人が負うという意味で、「勇気」を伴うものでもあった[56]。

　このような外部から避けようなく襲ってくる危険に代わって、選択の余地のある、また改善可能な損害としてのリスクというものが前景化してくるのは、人間が働きかけることができるものとしての「社会」という概念が誕生してくる近代という時代とともにである。とりわけ、産業社会においては、大気汚染や水質汚染、それに伴う健康被害といったものが現れてくる。それらは、悪臭を放つ河川であったり、濁った空であったり、森林を枯らす雨であったり、五感を使って少なくともその兆候は感知できるものであった。

　この時代におけるリスクは、人工リスク (manufactured risk) つまり、豊かさや富の生産のためになされた人々の活動の下に作り出されたリスクであったが、科学の進歩や社会の改良とともに制御可能であり、また克服可能なものとしてのリスクであった。これらは、発展や進歩の副作用としてのリスクであり、おおむね地域や時間に限定されたものであった。

　しかし、今日の新しいリスクは、人工リスク (manufactured risk) には変わりないが、もはや知覚可能な範囲を超えて広がるものであり、科学的にも不確定で、人類全体に包括的な影響を及ぼすやもしれないものである。日常の住まいや食卓に紛れ込む微量な化学物質であったり、目にみえない放射能であったり、もはや性質を変えてしまった日光であったり、その損失をどのように補填するかということも不明瞭、否、補填そのものがそもそも不可能なリスクを含むに至っている。

　何よりもそれらは、産業主義の未発達さや不十分さ、失敗ゆえにもたらされたものではなく、そのたぐいまれなる成功がもたらしたものなのである。それゆえに、リスク＝副作用という位置づけはもはや妥当ではない。ここでは、リ

スクは副作用ではなく，社会の変容を余儀なく迫るものとなっている。

　むろん，外的リスクとしての危険がなくなったわけではなく，古いタイプのリスクがなくなったわけでもない[57]。とりわけ，近年急速に経済発展している社会においては，外的リスクと人工リスクが複合的に重なり合ったものとして現前していることは，実感として感じられることである。実際，再帰的近代化論や第1・第2の近代といった理論構築が主に西洋社会を念頭に置いたものであることは多方面から批判されており，それを受けての理論修正や発展が起こっている。

　それには2つの方向をみることができる。1つは，チャンや韓にみられるように[58][59]韓国や中国，アフリカなど伝統的リスク，第1の近代的リスク，そして第2の近代的リスクが圧縮された形で押し寄せている社会の状況を取り込むべく提唱されている「圧縮された近代」に関する論考である。そしてもう1つは，近年の急速なグローバリゼーションとの関連で，コスモポリタン化（cosmopolitanization）とコスモポリタニズム（cosmopolitanism）という視線の下で展開されている議論であり[60]，そのような現実を捉えるために，ベックは政治学や社会学の理論におけるコスモポリタン転回（cosmopolitan turn）の必要性をも主張している[61]。このような通時的視点や変容に重点を置いた考察がベックを中心とした再帰的近代論の1つの特徴である。

　近代化理論としての側面が，このようにリスクという概念の変化を軸に据えたものであったとすると，個人化論とサブ政治論は，そのような社会の変化を社会構築主義（social constructionism）的に，個人を中心とした側面と制度を中心とした側面からそれぞれ分析しようとするプロジェクトと考えられる。

　まず，個人化論はリスクの緩衝制度の変容と，それに対応するものとしての日常の生活形態，家族といった中間制度などとの関係に焦点を当てたものと考えられる。ここでの個人というのは，中空に浮かぶ何の束縛もないものではなく，伝統や文化価値，そして何よりも社会制度に埋め込まれたものとしての「制度化された個人（化）[62]」である。産業社会においては，それが生み出す富の配分や労働市場の欠陥に対する補完システムとして福祉社会という発想があったが，個人化論は，この福祉社会をプロトタイプとして，リスクの緩衝制度が，

その制度を通して「プログラム化された個人」に対してどのような両義性をもたらすのかを追求するものである。リスクの分配のための社会的なプログラムが大きく変容している現代において，いかに個人や家族が「グローバル化した世界のシステム的な矛盾を耐え抜く場所[63]」となっているか，そして新しい中間制度の生成と国際的相違が検討事項となっている。

　最後に，サブ政治論は，このような社会の変容を制度や政治の観点から捉えようとしたものである[64]。ベックは企業活動や医療，国際組織など従来政治の分野とはみなされていなかった分野における技術的決定がもつ政治性に注目している。これらは，私たちの日常生活を暗に規定する力をもっているが，議会や政党といった従来の政治制度を迂回して作動している。

　このように，ベックは，現代を変容の時代とみなしており，その認識された非－連続的な変動を捉えるための概念的理論枠組みとして，リスク概念を中心として上記3つの側面をもつ理論を提供していると考えられる。

　さてもう1つ，社会学的リスク研究においてとりわけ大きな影響力をもつのは，ガバメンタリティをキーワードとする潮流である[65]。よく知られているように，これはフーコーの権力と支配に関する思想を端緒とし[66]，経済と政治の関係や，支配の対象と権力の表れの新しい形態に注目している学派である。メンタリティをガバーンするという意味の，フーコー自身の造語であるガバメンタリティ（governmentality=govern+mentality）が象徴するように，人々の生死ではなく，人々のモラルや価値，規範，行動様式などを支配対象とする生政治（Bio-politics）が主要な学問概念となっている[67]。

　この生政治は，社会におけるあからさまに強制された支配ではなく，むしろ人々の自発的な選択としてなされる行為のなかに司牧（者）権力（pastoral power）をみるものであり，選択可能性が多数あるなかでなぜ人々の行為体系がある種の統一性を帯びるのかという疑問をその基底にもっている。ネイドソン[68]によると，フーコーは，こういったコンティンジェンシーということを通して社会における標準的行為の型やその規則性に注目した。つまり，そのような行為の型や規則性は，(ⅰ)技術的進歩観や資本主義といった下部構造ですべて決まるわけではなく，また(ⅱ)様々な種類の意思決定の任意性の結果としてもたら

されるものでもない。むしろ，様々な課題やリスクに対して，社会的統治と日常生活を結びつけることを可能とする統治合理性の浸透，あるいは生政治の諸形態によって，日常行為の均一性は達成されると考えたのである。

このような文脈において，安全，危険，リスクといった事柄は，近年ますます権力と支配のための中心的操作ツールとして，社会と人口のガバナンスのために用いられるようになったとみなされている。リスクやリスクをめぐる言説構築は，この意味で重要な統治技術（art of government）であり，統治合理性（rationality of government, governmental rationality）を構築・維持・管理するための資源となっている。

このような理論背景のなか，リスクとガバメンタリティを中心概念とする研究も，犯罪，病気，教育，メディアなど多方面に広がっており[69]，さらに，グローバリゼーションとの関連で，2000年以降も多くの研究が発表されている[70]。

なかでも保険制度の研究は，とりわけこの潮流の思想観点のユニークさを良く体現しているモデル的研究事例の1つのように思われる。エワルドは[71]，保険制度が，個々人に正しい行為や行動様式はどのようなものであるか，どのような責任分担が公正なものであるかを教えるものとして，いい換えれば，社会の道徳や倫理を形成する統治技術として作用したことを示した。本章の冒頭でリスクという概念自体の発生と保険制度との関連を指摘したが，このような視点の研究は，ガバメンタリティ，生政治といった理論装置なくしては生まれなかったものである。その，今となっては「古典的」と形容づけられるようなエワルドの研究を端緒として，近年では，経済社会学的観点からの国際的な保険研究も生まれている[72]。

最後に，先のベックを中心とする研究潮流，特に個人化論およびサブ政治論とガバメンタリティ論の共通性も指摘することができる[73]。例えば，安全や安心を構築するための制度が階級に取って代わり，これらの制度が個人や家族をその対象とすることも相まって，病気や失業などについてのリスクと責任が，ますます，「自己管理」や「自己責任」という形で，個人に押しつけられるようになってきているといった点は，両潮流の研究焦点の1つとなっている[74]。また，健康や環境に関するリスクへの対処は，その根本原因を取り除くというよりは，

症状を緩和する新しい薬品であったり，高性能のフィルターという形での対処であり，市場の利益を失わせないものとなっているといった指摘も両潮流に共通するものである。[75]

5 おわりに
―― 学際性と専門性 ――

以上限定された視点からではあるが，様々な領域のリスク研究を概観した。それぞれの領域でリスクという概念とそれにまつわる問題設定は，各々の学問的パラダイムがその探索を可能とする形で形成されていることがより明確になった。通常このような多様性は，分野が未発達であるとして克服するべきものと捉えられることも多いが，リスク研究を学際的領域として捉える視点が近年提出されている。[76]

実際，リスク事象とその社会的文脈を統一的に扱うための試みはすでになされており，その代表的なものは，リスクの社会的増幅理論（Social Amplification of Risk Framework, SARF）として知られている。[77] SARFは，1986年にスローヴィックを中心とするオレゴン州立大学の意思決定研究グループ（Decision Research Group）とR. キャスパソンとJ. キャスパソンを中心とするクラーク大学のグループが，ネバダ州の要請により研究チームを結成した際に始まった。ネバダ州は，当時高レベル核廃棄物貯蔵所の候補地となっており，これに伴う社会的・経済的影響を検討するために，社会学者や人類学者などの著名なリスク研究学者にその評価を依頼した。SARFの構想はこのような学際的協働を通して生まれたのである。

背景にはリスク研究が1980年代半ばから急激に増加したものの，個別事例や理論的試みが相互に関連づけられず，単に積み重ねられているような状況があった。概念的進展が限られていることが，問題視されたのである。SARFの中心的提唱者であるR. キャスパソンは，当初より，現代的問題の解決のために学際性を重要視していた（彼自身，もとは地理学者である）。しかし同時に学際的共同研究の難しさも経験している。R. キャスパソンはそういった学際的研

究の困難の理由を，①自然災害と技術災害とが学問領域として区別されている，②リスクの技術的分析と社会的分析も切れている，③社会科学者間での理論的争いが深刻である，と述べている。

　オレゴン州立大学の意思決定研究グループとクラークグループの頻繁なやりとりの後，SARFは1988年に誕生することになる。SARFが目指したことは，リスクの技術的側面と社会的側面の両面を統合的に関連づけるための枠組みを提供することであった。様々な理論的観点からもたらされた考察や事例研究による経験的知見を，それはあたかもそれぞれに区切られて見出しをつけられた大きなファイルボックスに集めることであった。

　SARFの1つの特徴は，現代におけるリスク事象は，マスメディアの報道などを通じて人々の関心を集めやすいということを考慮に入れている点である[78]。人々や社会の経験するリスクは，物理的な損害に限られず，それが社会的文化的にどのように解釈されるかに大きく依存する。つまり，リスク事象は様々なコミュニケーション過程の結節点において，増幅されたり，減衰されるものであり，SARFはこのプロセスを統合的に捉えようとする枠組みである。この研究は，当初から中心的概念であったリスクシグナルやメディアの扱いとリスクに関する意見形成の過程，社会的イメージやスティグマ（stigma）の生成，組織によるリスクの対応やそれがもたらす増幅と減衰，そして信頼などの多くの研究を生み出した[79]。この試みは，増幅・減衰というメタファーに関する論議や，その理論としての地位に関しての疑義など，様々な批判はあるにせよ，理論的前提を超えた議論の活性化など，枠組みとしての有効な役割を果たしてきたといえる。

　最後にこのような学際性の指向は，リスクの実践的解決のために重要であることを確認して，この章を閉じたい。学際的なアプローチが必要とされる理由のまず1点目は，現代においてリスクの明確な把握がますます困難になってきているということである。リスクは，物質的痛みや損害や影響，そして精神的痛みを伴うリアルなものであると同時に，もう一方で，社会的に構築された政治性と公共性を帯びるものである。それは，幾重にも重なった不透明性の膜に覆われ，科学によっても確定できないものであり，また視点を変えれば幾通り

図1-2　リスクに対する社会学的アプローチの概観

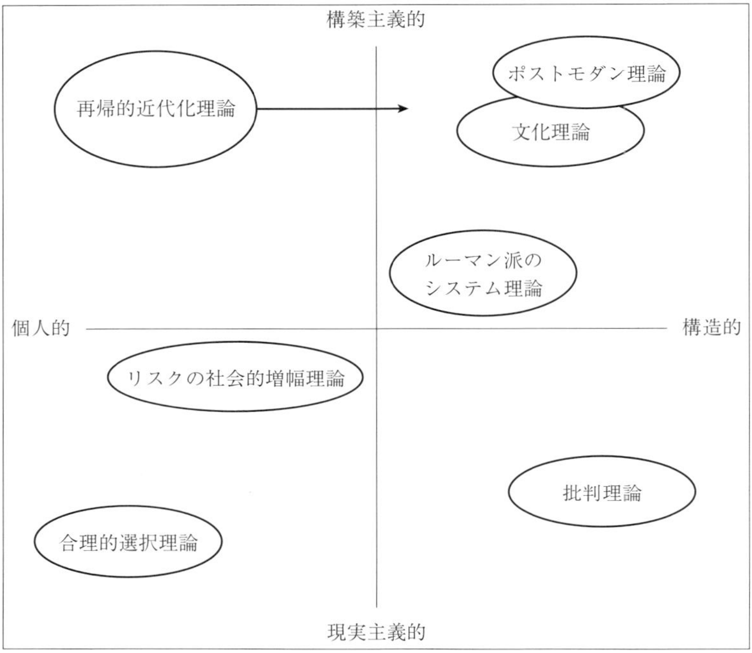

```
                    構築主義的
                              ポストモダン理論
        再帰的近代化理論  →
                              文化理論

                         ルーマン派の
                         システム理論
個人的                                          構造的

        リスクの社会的増幅理論


                                    批判理論
    合理的選択理論


                    現実主義的
```

出典：Figure 1.7 Review of Sociological Approaches to Risk（Renn（2008: 24））を訳出。

にもみえるものであるし，文脈によってまったく異なったものとして特徴づけられるものである。

　リスクがこのように多元的で複合的かつ高度に不確定なものであることは，それを扱う学問領域や視座の拡大によって解明されてきたものであるが，翻ってその多義性を必然的結果としてもたらすことにもなる。リスクの多次元的アプローチに限っても，これらの理論は，上で概説したようにより実証主義的な立場を取るものから，構築主義的なものにまで，広い次元で広がっている。この広がりと立場の違いは，レンによって[80]**図1-2**のように図式化されている。

　本章では，すべての立場を扱ったわけではないが，これらのアプローチは互いにそれぞれ背反的なものと考える必要はない。これらは，そのいずれかに中

心的視座を置くとしても，複層的に関連し合っているものである。流動する時代の各点においては，この多層性を有効に組み合わせることにより，様々な社会的位置のリスクとベネフィットを，より広範に捉え，より公正で公共的なリスクの特徴づけとして帰結させることが必要であろう。

　2点目として，このようなリスクの多元的特徴づけは，政策との関連において重要なものとなる。ジャサノフ[81]は，科学者や科学アドバイザー[82]の政策決定における役割に焦点を当て，科学と公共政策との関わりに新しい光を当てたが，それは，科学が客観的な解をもっているという時代が終わり，科学がますます問題視されているからでもある。政策決定においては，複合的な視点が必要であるが，この状況は近年ますますグローバル化し複雑化しており，ある一定の視点からのリスク研究にのみ依拠したアプローチではまったく十分でなくなってきている。自然科学的アプローチと協働できる社会学的枠組みが，リスクのより正確な把握と社会的合意形成には必要である。

　そして最後に，政策は公的なものであるが，その影響を受けるのは個々人だという点にもリスク研究の学際性の必要性を求めることができる。個人は，各専門領域で分断されたリスクをバラバラに被るのではなく，あるまとまった社会状況の下で，ある種の制度，慣習，文化の下，ある種のメディアや情報機関を通して，全体としてリスク状況に置かれるのである。そうしたとき，より人々に近い視線でリスクを管理し防護するためには，複合的視点が要求される。

　過度な専門性や「知識（人）」の政治性や危険性は古くから指摘されてきたが[83]，近年の科学社会学的考察は，科学という営みの内側からその誤謬性と政治性を指摘するに至っている。ストロングプログラム[84]は，科学の知識に正解が，そして人間に誤謬が押しつけられる構造を批判し，科学を脱魔術化した。また，ラトゥール[85]は，自然と社会という近代が依拠してきた二分法に終止符を打った。ウィン[86]は，専門家の生産する専門知がいかに現実と乖離したものとなりうるかを豊富な事例研究とともに描き出した。現代のリスクは科学によってしか明らかにされえないが，私たちは，それを「声も目も顔も涙も伴って」[87]経験する。近代が専門性の追求と専門家の養成を志向していたとすれば，それに対する再帰的思考も現在必要とされているものの1つかもしれない。新しい形の学際性

構築のためにも，リスク研究は挑戦的なフィールドを提供している。

注
1) 語頭の＊は，それが理論的に構築されたもので，実際には確認されていない語であることを示す。したがって，ここで*resecumは確認されていない名詞形である。
2) Warton (1992: 4) はこの説を採っている。
3) 強調は原本による。
4) 強調は原本による。
5) 2005年には，この「リスク心理学」の項目は消え，代わりに，「リスキーシフト」に変化し，2006年にはまた「リスク／リターン」のみに戻る。
6) 強調は原本による。
7) 強調は原本による。
8) 強調は原本による。
9) Taylor-Gooby and Zinn (2006: 4)
10) 金沢工業大学ライブラリーセンタ http://www.kanazawa-it.ac.jp/dawn/171301.html（2014年3月11日閲覧）より引用。
11) "Specimen Theoriae Novae de Mensara Sortis," 1738, Commentarii Academiae Scientiarum Imperialis Petropolitanae. 英訳は1954年 Econometrica http://www-history.mcs.st-and.ac.uk/Biographies/Bernoulli_Daniel.html（2014年3月11日閲覧）より引用。
12) Wharton (1992: 4)
13) Kuhn (1968)
14) 本節の記述は，最新の動向よりは，初期の基点となる研究に視線を向けていることから，取り上げている論文はきわめて基本的なものに留めてある。リスク研究に馴染みの薄い読者を想定し，全般的にわかりやすい記述方法を採用している。多分野の研究をまとめるときに避けがたく生じることであるが，描き出している関連性の一面性は避けがたく，異なる視点からの理解や関連づけが多数可能であることは自明である。
15) ここでは，学際的広がりの概要を示すためこの表を日本語で掲載している。詳しくは，Renn (1992) およびそれが再録されている Renn (2008) も参照のこと。
16) Althaus (2005)
17) 石名坂 (1994)
18) Chapman (1992)
19) Crockford (1980); Zinn and Taylor-Gooby (2006: 23)
20) 本書第2章参照。
21) Althaus (2005)
22) Renn (2008: 18)

23) NRC (1989)
24) Renn (2008: 13)
25) Zinn and Taylor-Gooby (2006: 24-25)
26) Renn (2008: 16)
27) これは，もちろん客観的・技術的リスク分析を否定するものではない。それらは，限定された問題設定においては，依然有効で強い威力を発揮する。この意味で，「狭さは，弱点でもあり利点でもある」(Renn (2008: 17))。
28) Zinn and Taylor-Gooby (2006: 26)
29) Zinn and Taylor-Gooby (2006: 26)
30) Luhmann (1990=2007)
31) Starr (1969). 岡本 (1992) にわかりやすい解説がある。
32) Zinn and Taylor-Gooby (2006: 26)
33) Tversky and Kahneman (1974; 1981)
34) Slovic (1987; 2000; 2010)
35) Fischhoff et al. (1981)
36) Atman et al. (1994)
37) Bostrom et al. (1994)
38) Morgan et al. (2002)
39) また，これらの研究において中心的役割を果たしているFischhoffの一連の著作は，Fischhoff (2011) にまとめられている。
40) 吉川 (1999)；広田・増田・坂上 ([2002] 2006)；中谷内 (2012)
41) ただし，この批判は，後年，心理学的リスク研究に部分的であれ取り込まれている。Slovic (2010) を参照。
42) Douglas and Wildavsky (1983: 193-195)
43) Douglas and Wildavsky (1983: 194)
44) セクト的社会は派閥的社会ともいい換えられる。詳しくは，Douglas and Wildavsky (1983: 138-139)；Douglas (1992) 参照。
45) Thompson (1982)
46) Rayner (1982; 1986)
47) Gross and Rayner (1985)
48) この間の展開は，Rayner (1992) に詳しく記述されている。
49) Lupton (1999)
50) Tulloch and Lupton (2003)
51) 例えば，土方・ナセヒ (2005)；今田 (2007)；橘木他 (2007)；橘木 (2007)；長谷部 (2007)；益永 (2007) など。
52) もう1つ考えられるのは，ルーマンに基礎をもつリスク論の流れである。英語圏においてはあまり継承されていないが，ドイツ国内および日本においては，重要な流れとなっている（例えば，小松 (2003)；三上 (2010)）。また，ルーマンとベック

の比較には，山口（2002）がある．
53) Beck (1986)
54) Mannheim (1930)
55) Giddens (1999)
56) Beck (1986)
57) それは，3.11を考えてみれば明らかなことであり，焦点はこれら危険とリスクの判別でもある．本書第5章参照．また，いわゆる「圧縮された近代（compressed modernity）」においては，外的リスクを含めた様々なリスクが圧縮された形で併存する．
58) Chang (1999; 2010)
59) 韓 (2011)
60) Beck (2006)
61) Beck and Grande (2010)
62) ベック (2011: 24-25)
63) ベック (2011: 19)
64) 第2章におけるサブ政治論についての解説も参照のこと．
65) 第3章，第4章，第5章における異なった視点からのガバメンタリティ論概説も参照のこと．
66) Foucault (2009; 2010)
67) Gordon (1991)
68) Nadesan (2008: 2-3)
69) Dean (1999)
70) Nadesan (2008: 217)
71) Ewald (1991)
72) Baker and Simon (2002)
73) どちらがどちらに影響を与えたかといった研究史的考察も可能であろうが，ここでは単に共通性を指摘するのみに留めることとする．
74) Hook and Takeda (2007)；Suzuki et al. (2010)
75) Beck (2007)；Nadeson (2008: 3)
76) Althaus (2005)；Zinn and Tayler-Gooby (2006)；Renn (2008)
77) 以下の記述はKasperson (2003)による．SARFの理論的基礎は以下の5つの論文で固められることになる．Kasperson et al. (1988)；Renn (1991)；Kasperson (1992)；Burns et al. (1993)；Kasperson et al. (1996)
78) 本書第5章参照．
79) Pidgeon et al. (2003)
80) Renn (2008)
81) この点で，中西 (1994; 2007; 2010) は，当初よりリスクと政策の関連を意識した研究であり，工学系の視線からの特徴あるリスク論である．

82) Jasanoff (1990)
83) Chomsky (1969=2006; 1973=1975)
84) Bloor (1991)
85) Latour (1993; 2004)
86) Wynne (1996)
87) Beck (1986 = 1998: 95)

参考文献
Althaus, Chatherine, 2005, "A Disciplinary Perspective on the Epistemological Status on Risk," *Risk Analysis*, 25 (3) : 567-588.
Atman, Cynthia J., Ann Bostrom, Baruch Fischhoff and M. Granger Morgan, 1994, "Designing Risk Communications: Completing and Correcting Mental Models of Hazardous Processes, Part I," *Risk Analysis*, 14 (5) : 779-788.
Baker, Tom and Jonathan Simon, 2002, *Embracing Risk: The Changing Culture of Insurance and Responsibility*, University of Chicago Press.
Beck, Ulrich, 1986, *Risikogesellschaft: Auf dem Weg in eine andere Moderne*, Suhrkamp Verlag.(=1998, 東廉・伊藤美登里訳『危険社会——新しい近代への道』法政大学出版局)
――, 2006, *Cosmopolitan Vision*, Polity Press.
――, 2007, *World at Risk*, Polity Press.
Beck, Ulrich and Edgar Grande, 2010, "Varieties of Second Modernity: The Cosmopolitan Turn in Social and Political Theory and Research," *The British Journal of Sociology*, 61 (3) : 409-443.
ベック，ウルリッヒ，2011,「個人化の多様性——ヨーロッパの視座と東アジアの視座」ウルリッヒ・ベック／鈴木宗徳／伊藤美登里編『リスク化する日本社会——ウルリッヒ・ベックとの対話』岩波書店，15-35。
Bloor, David, [1976]1991, *Knowledge and Social Imagery*, 2nd ed., University of Chicago Press.(= 1985, 佐々木力他訳『数学の社会学——知識と社会表象』培風館)
Bostrom, Ann, Cynthia, J. Atman, Baruch Fischhoff and M. Granger Morgan, 1994, "Evaluating Risk Communications: Completing and Correcting Mental Models of Hazardous Process, Part II," *Risk Analysis*, 14 (5) : 789-798.
Burns, William J., Paul Slovic, Roger E. Kasperson *et al*, 1993, "Incorporating Structural Models into Research on the Social Amplification of Risk: Implications for Theory Construction and Decision Making," *Risk Analysis*, 13 (6) : 611-624.
Chang, Kyung-Sup, 1999, "Compressed Modernity and its Discontents: South Korean Society in Transition," *Economy and Society*, 28 (1) : 30-50.
――, 2010, "The Second Modern Condition? Compressed Modernity as Internal-

ized Reflexive Cosmopolitanization," *British Journal of Sociology*, 61 (3) : 444-464.

Chapman, C., 1992, "A Risk Engineering Approach to Risk Management," Jake Ansell and Frank Wharton eds., *Risk: Analysis, Assessment, Management*, Wiley, 15-39.

Chomsky, Noam, 1969, *American Power and the New Mandarins*, Chatto & Windus. (=2006, 清水知子・浅見克彦訳『知識人の責任』青弓社)

―――, 1973, *For Reason of State*, Fontana. (=1975, いいだもも訳『お国のために〈1〉ペンタゴンのお小姓たち』『お国のために〈2〉国家理由か絶対自由か』河出書房新社)

Crockford, Neil, 1980, *An Introduction to Risk Management*, Woodhead-Faulkner. (=1999, 南方哲也訳『リスクマネジメント概論』長崎県立大学学術研究会)

Dean, Mitchell, 1999, *Governmetality: Power and Rule in Modern Society*, Sage.

Douglas, Mary, 1992, *Risk and Blame: Essays in Cultural Theory*. Routledge.

Douglas, Mary and Aaron Wildavsky, 1983, *Risk and Culture: An Essay on The Selection of Technical and Environment Dangers*, University of California Press.

Ewald, François, 1991, "Insurance and Risk," Graham Burchell, Colin Gordon and Peter Miller eds., *The Foucault Effect*, The University of Chicago Press, 197-210.

Fischhoff, Baruch, 2011, *Risk Analysis and Human Behavior (Earthscan Risk in Society)*, Routledge.

Fischhoff, Baruch, Ann Bostrom and Marilyn Jacobs Quadrel, 1993, "Risk Perception and Communication," *Annu. Rev. Publ. Health*, 14: 183-203.

Foucault, Michel, 2004, *Sécurité, territoire, population: Cours au Collège de France (1977-1978)*, Michel Senellart ed., Gallimar & Seuil. (=2007, 高桑和巳訳『ミシェル・フーコー講義集成〈7〉安全・領土・人口 (コレージュ・ド・フランス講義1977-78)』筑摩書房)

―――, 2004, *Naissance de la biopolitique: Cours au Collège de France (1978-1979)*, Michel Senellart ed., Gallimar & Seuil. (=2008, 慎改康之訳『ミシェル・フーコー講義集成〈8〉生政治の誕生 (コレージュ・ド・フランス講義1978-79)』筑摩書房)

『現代用語の基礎知識』(自由国民社) 各年版。特に, 1996・2000・2004・2010・2012年版。

Giddens, Anthony, 1999, *Runaway World: How Globalisation is Reshaping Our Lives*, Profile Books. (=2001, 佐和隆光訳『暴走する世界――グローバリゼーションは何をどう変えるのか』ダイヤモンド社)

Gordon, Colin, 1991, "Governmental Rationality: An Introduction," Graham Burchell,

Colin Gordon and Peter Miller eds., *The Foucault Effect*, The University of Chicago Press, 1-52.

Gross, Jonathan L. and Steve Rayner, 1985, *Measuring Culture*, Columbia University Press.

韓相震，2011，「東アジアにおける第二の近代の社会変容とリスク予防ガバナンス」ウルリッヒ・ベック／鈴木宗徳／伊藤美登里編『リスク化する日本社会——ウルリッヒ・ベックとの対話』岩波書店，163-218。

長谷部恭男編，2007，『法律からみたリスク リスク学入門3』岩波書店。

土方透／アルミン・ナセヒ編，[2002] 2005，『リスク——制御のパラドクス』新泉社。

広田すみれ・増田真也・坂上貴之編著，[2002] 2006，『心理学が描くリスクの世界——行動的意思決定入門〔改訂版〕』慶應義塾大学出版会。

Hook, Glenn D. and Hiroko Takeda, 2007, '"Self-responsibility" and the Nature of the Postwar Japanese,' *The Journal of Japanese Studies*, 33 (1): 93-123.

今田高俊編，2007，『社会生活からみたリスク リスク学入門4』岩波書店。

石名坂邦昭，1994，『リスク・マネジメントの理論』白桃書房。

Jasanoff, Sheila, 1990, *The Fifth Branch: Science Advisers as Policymakers*, Harvard University Press.

Kasperson, Roger E., 1992 "The Social Amplification of Risk: Progress in Developing an Integrative Framework of Risk," S. Krimsky and D. Golding eds., *Social Theories of Risk*, Praeger, 153-178.

Kasperson, Roger E., 2003 "Introduction and Overview," Nick Pidgeon, Roger E. Kasperson and Paul Slovic eds., *Social Amplification of Risk*, Cambridge University Press, 1-16.

Kasperson, Roger E. and Jeanne X. Kasperson, 1996, "The Social Amplification of Risk," *The Annals of the American Academy of Political and Social Science*, 545: 95-105.

Kasperson, Roger E., Ortwin Renn, Paul Slovic, Halina S. Brown, Jacque Emel, Robert Goble, Jeanne X. Kasperson and Samuel Ratick, 1988, "The Social Amplification of Risk: A Conceptual Framework, *Risk Analysis*, 8 (2): 178-187.

Kuhn, Thomas S., [1962] 1968, *The Structure of Scientific Revolutions*, University of Chicago Press. (=1971，中山茂訳『科学革命の構造』みすず書房)

吉川肇子，1999，『リスク・コミュニケーション——相互理解とよりよい意思決定をめざして』福村出版。

小松丈晃，2003，『リスク論のルーマン』勁草書房。

Latour, Bruno, 1993, *We Have Never Been Modern*, Catherine Porter trans., Harvard University Press. (= 2008，川村久美子訳『虚構の「近代」——科学人類は警告する』新評論)

——, 2004, *Politics of Nature: How to Bring the Sciences into Democracy*, Catherine Porter trans., Harvard University Press. (=1995, *Politiques de la nature : Comment faire entrer les sciences en démocratie*, La Découverte)

Luhman, Niklas, 1990, *Ökologische Kommunikation : kann die moderne Gesellschaft sich auf ökologische Gefährdungen einstellen?*, Westdeutscher Verlag. (= 2007, 庄司信訳『エコロジーのコミュニケーション――現代社会はエコロジーの危機に対応できるか？』新泉社)

Lupton, Deborah ed., 1999, *Risk and Sociocultural Theory: New Directions and Perspectives*, Cambridge University Press.

Mannheim, Karl, 1930, *Ideologie und Utopie*, Verlag von Friedrich. (=2006, 高橋徹・徳永恂訳『イデオロギーとユートピア』中央公論新社)

益永茂樹編, 2007,『科学技術からみたリスク リスク学入門5』岩波書店。

三上剛史, 2010, 『社会の思考――リスクと監視と個人化』学文社。

Morgan, Milltett Granger, Baruch Fischhoff, Ann Bostrom and Cynthia J. Atman, 2002, *Risk Communication: A Mental Models Approach*, Cambridge University Press.

Nadesan, Majia, Holmer, 2008, *Governmentality, Biopower, and Everyday Life*, Routledge.

中西準子, 1994, 『水の環境戦略』岩波書店。

――, [1995] 2007,『環境リスク論――技術論から見た政策提言』岩波書店。

――, 2010,『食のリスク学 氾濫する「安全・安心」をよみとく視点』日本評論社。

中谷内一也, 2012,『リスクの社会心理学――人間の理解と信頼の構築に向けて』有斐閣。

NRC (National Reseach Council), 1989, *Improving Risk Communication*, The National Research Council.

岡本浩一, 1992, 『リスク心理学入門』サイエンス社。

Organization for Economic Co-operation and Development (OECD), 2003, *Emerging Systemic Risks in the 21st Century: An Agenda for Action*, OECD.

Perrow, Charles, 1984, *Normal Accidents: Living with High Risk Technologies*, Basic Books.

Pidgeon, Nick, Roger E. Kasperson and Paul Slovic eds., 2003, *The Social Amplification of Risk*, Cambridge University Press.

Rayner, Steve, 1982, "The Perception of Time and Space in Egalitarian Sects," Mary Douglas ed., *Essays in the Sociology of Perception*, Routledge and Kegan Paul, 247-274.

――, 1986, "The Politics of Schism," John Law ed., *Power, Action, and Belief*, Routledge and Kegan Paul, 46-67.

――, 1992, "Cultural Theory and Risk Analysis," Sheldon Krimsky and Dominic Golding eds., *Social Theories of Risk*, Praeger Publisher, 83-116.

Renn, Ortwin., 1991, "Risk Communication and the Social Amplification of Risk," Roger. E. Kasperson and P.-J. M. Stallen eds., *Communicating Risks to the Public*: International Perspectives, Kluwer Academic, 457-481.
―, 1992, "Concept of Risk: A Classification," Sheldon Krimsky and Dominic Golding eds., *Social Theories of Risk*, Praeger Publisher, 53-79.
―, 2008, *Risk Governance: Coping with Uncertainty in a Complex World*, Routledge.
Slovic, Paul, 1987, "Perception of Risk," *Science*, 236 (17) : 280-285.
―, 2000, *The Perception of Risk*, Earthscan.
―, 2010, *The Feeling of Risk: New Perspective on Risk Perception*, Earthscan.
Starr, Chauncey, 1969, "Social Benefit Versus Technological Risk," *Science*, 165: 1232-1238.
Suzuki, Munenori, Norihiro Nihei, Midori Ito, Mitsunori Ishida and Masao Maruyama, 2010, "Individualizing Japan: Searching for its Origin in First Modernity," *The British Journal of Sociology*, 61 (3) : 513-538.
橘木俊詔編, 2007, 『経済からみたリスク リスク学入門2』岩波書店。
橘木俊詔他編, 2007, 『リスク学とは何か リスク学入門1』岩波書店。
Thompson, Michael, 1982, "A Three Dimensional Model," Mary Douglas ed., *Essays in the Sociology of Perception*, Routledge and Kegan Paul, 31-63.
Tullouch, John and Deborah Lupton, 2003, *Risk and Everyday Life*, Sage.
Tversky, Amos and Daniel Kahneman, 1974, "Judgment under Uncertainty: Heuristics and Biases," *Science*, 185 (4157) : 1124-1131.
―, 1981, "The Framing of Decisions and the Psychology of Choice," *Science*, 211 (4481) : 453-458.
Wharton, Frank, 1992, "Risk Management: Basic Concepts and General Principles," Jake Ansell and Frank Wharton eds., *Risk: Analysis, Assessment, Management*, John Wiley & Son, 1-14.
Wynne, Brian, 1996, "Misunderstood Misunderstandings: Social Identities and Public Uptake of Science," Alan Irwin and Brian Wynne eds., *Misunderstanding Science?: the Public Reconstruction of Science and Technology*, Cambridge University Press, 19-46.
山口節郎, 2002, 『現代社会のゆらぎとリスク』新曜社。
Zinn, Jens and Peter Taylor-Gooby, 2006, "Risk as an Interdisciplinary Research Area," Peter Taylor-Gooby and Jens Zinn eds., *Risk in Social Science*, Oxford University Press, 20-53.

第 2 章
リスクの不確実性と不確実性のリスク
国際的科学評価というサブ政治

長島美織

1　はじめに

　本章は，国際的なリスク評価がもつ不確実性を分析することにより，科学の領域で従来実用的な観点から行われてきた決定や決断が帯びる政治性について考察するものである。放射線影響に関する国際的科学評価を事例とし，科学という従来普遍的で客観的とされたものが，どのようにガバナンスのメカニズムを隠蔽し，サブ政治[1]として作動するかに光を当てることを目的とする。

　現代において，国際機関は概して好意的に受け止められているものの1つである。科学や教育，通信のためのインフラストラクチャーの整備，公衆衛生といった国際的な専門機関のシステムは，第2次世界大戦後国連が設立過程にあったとき，「戦後の国際舞台で最も期待できる制度」[2]と受け取られたものであった。それらは，政治的・イデオロギー的対立から距離を取って，現実に機能する協力体制を作ることに役立ち，より平和で調和的な国際秩序もまたそれに倣って次第に形成されていくと考えられたからである。それらは，まさに「非政治的な機関」と考えられていた。もちろん，この「機能主義」理論に懸念がまったく存在しなかったわけではなかったが，平和維持や安全保障の領域に比して，これら非政治的・専門機関の活動は概して積極的に評価されてきた[3]。

　その後，再び国際的な連携システムが俎上に上がるのは，半世紀を経てのことである。1989年の冷戦終結により時代の焦点はイデオロギーの対立から国境を越えた環境問題に移った[4]。この変化を当時のソ連外相シェワルナゼは1988年の有名な演説で，こう捉えている。

　現在は，通常の軍事手段を用いた防衛を基本とする国レベルや世界レベルの安全保障という伝統的な考え方が，いまや完全に過去のものとなり，早急に改められなくてはならない，という主張の何たるかを，明確に理解しうるようになった初めての時であろう。環境カタストロフの脅威という前にあっては，二極化したイデオロギー的世界という対立図式は却下される。生命圏には，政治ブロック・同盟・体制という区切りなど一切存在しない。すべての

人が，同じ気象体系を共有しており，誰一人として，環境防衛という自分だけの孤立した地位に立てるわけではない[5]。

このようななか，1992年の地球サミットを受けて，冷戦後の新たな世界づくりを目指して活動したのは，グローバル・ガバナンス委員会であった。緒方貞子は「日本語版への序文」のなかで自分なりの理解であることを断った上で，ガバナンスとは，「統治」と「自治」の統合の上に成り立つ概念であると述べている[6]。この委員会の仕事の1つの焦点は，「世界がそれほど複雑でなかった時代」に作られた国連を中心とするグローバル・ガバナンスのシステムを見直し，「どうすれば適切な国際機関の枠組みを作りあげることができるか」について提案することであった[7]。

グローバリゼーションとリスク管理の国際化

そしてさらに現在，世界はその相互作用の度合いを加速度的に増している。世界はより一層広範囲に関連し合い，離れたところで起こった出来事が地理的な関係を超えて瞬時にして世界の他の部分に影響を及ぼすようになっている。貧困は一層壮絶なものとなり，生命の生存基盤の破壊も驚くべき速さで進んでいる。とりわけ9.11後の世界において，このようなグローバリゼーションと呼ばれる現象は，ますます多くの論議を生んでいる[8]。グローバリゼーションは権力の形と所在地の変化をもたらし，より構造的で制度的な政治が生まれてきている[9]。

このようななか，政府，民間を問わず，ますます多くの多国間組織が登場し，環境問題，農業，感染症，メディア，航空機，違法取引など多様な領域において，様々なガバナンスを展開している[10]。これらの国際機関が管轄する事柄は多岐にわたり影響力も強いことから，その意思決定過程をどのように民主的に開かれたものにするかという問題が提起されている[11]。例えば，気候変動といった比較的新しい問題においても，多様な国際組織が関与しており，それぞれが互いにどのような関係と権限をもって事に当たっているのかは定かではない[12]。そのような状況のなか，国民国家を超えたレベルでの国際エリートによる影響力

と，それに対抗可能な市民的資源の不足といった観点からの批判がなされ，参加の形態における平等と民主的配分などが求められてきた[13]。国際機関による新しいガバナンスの流れとともに，改めて民主主義そのものの問い直しも始まっている。

しかし，このような問題提起の文脈においても，科学的国際機関の提出する科学的知見そのものについては，詳しい吟味がされてこなかった。科学的国際機関の科学的言説そのものやそのなかでどのように科学的事実が構成[14]されるか，そしてそれらが国際的なガバナンスにおいて実際どのような政治的役割を果たしているかについての探求は十分とはいいがたい。もちろん，該当の科学的国際機関の成立過程での政治的側面であるとか，関連組織間の相互依存性などに関しては様々な歴史的・社会的指摘がなされてきた。しかしそのような文脈においても科学的評価そのものは，いわばブラックボックスのまま取り残されている。本章では科学的国際機関の社会・政治領域における政治性を問うのではなく，むしろその本来の役割である科学的評価のなかに潜む政治性に焦点を当てる。

科学と政治

リスク管理の国際的標準化[15]もまた，このようなグローバリゼーションの流れのなかで急速に進んでいる[16]。特に遺伝子組み換え技術やナノテクノロジーなど新しいテクノロジーの登場において，その国際的安全管理のための基準作りが模索されている[17]。科学に基づく国際的リスクマネジメントは確かに利点も多い。とりわけ科学が事象の普遍性を表象するものであるなら，科学によって管理に必要な知識や事実を提供することは，公平性など政治的・倫理的基準からのより良い政治的判断を可能にするであろう。実際，政策決定者は，レンが，確実さの幻想，疑似確実さの幻想，絶対的真理の幻想，全般的適用可能性の幻想と名づけたような過大な期待を科学に抱いている[18]。

しかしこのような期待が満たしがたいものであることは，すでに1970年代に指摘されている。トランスサイエンスという概念がそれである[19]。現在，社会と科学の合間で提起されている問題の多くは，〈科学の言葉で質問することは

可能だが，科学によって答えることができない問い）——つまりトランスサイエンス的な問い——への解答に依存している。これから私たちが扱う電離放射線の問題，特に低線量被曝に関するそれは，ワインバーグが彼の新しい概念の例示としても使用しているものである。彼が提出した区分は，サイエンスとトランスサイエンスのそれであったが，この論文に対する応答ですぐに主張されているのは[20]，トランスサイエンスを，(i)科学という組織的メカニズムによっては，本質的に答えられないものと，(ii)現状の科学知識の限界ゆえに今現在は答えられないもの，に分けることである。ここに不確実性分析の端緒をみることも可能であるが，リスク研究のなかでの不確実性分析の隆盛は以下でみるように1990年代まで待たなければならない。

　このような考察を背景として，ここでは，科学的リスク評価の不確実性と決定に，そして，それがいかに通常のガバナンスシステムを迂回し，独自の政治性を獲得するのかに焦点を合わせる。特に科学的国際機関によって，どのようにリスクや安全，そして危険が標準化され，ひいては責任や公的義務が規定されていくのかについて，現在国際化が求められている新しい技術に対するものではなく，電離放射線リスクに関する勧告をすでに半世紀にわたって行ってきたICRP (International Commission on Radiological Protection, 国際放射線防護委員会) 勧告を事例として取り上げる。これは，電離放射線を伴う活動が，(i)そのベネフィットゆえに，近代において，急速に使用が拡大（レントゲンから原発まで）しているにもかかわらず，(ii)（特に低線量，内部被曝における）健康影響が不確かであるということ[21]，そして，(iii)グローバリゼーションが取りざたされる以前から，国際的標準化や管理の形態を有しているといった点から，本章の関心である科学的評価のもつサブ政治性を分析するための，1つの安定したケースを提供していると思われるからである。

　原子力開発利用活動は，1938年のウラン核分裂の発見から始まった。そして現在に至るまで，その活動は，「高度に国際的な性格を有してきた[22]」。といっても，国際的に自由でオープンな物流や議論のやりとりがあったわけでは決してない。むしろ，それは最初から国家という枠組みを超えた「全体として高度に有機的に統合された国際システム[23]」によって一元的に管理されてきたのであ

る。

　ヒト・モノ・情報の移動が厳しく管理されてきたこと自体が，原子力開発利用活動のもつ高度な国際性をあらわしている。グローバルな規模での国際関係の精密なコントロールと調整のもとで，それぞれの国の原子力開発利用活動が日々営まれてきたのである[24]。

　このような国際的管理システムのなかで，UNSCEAR（United Nations Scientific Committee on the Effects of Atomic Radiation，原子放射線の影響に関する国連科学委員会）と並んで，科学サイドからその一翼を担ってきたICRPの科学的リスク評価[25]には，どのような不確実性がどのようなところに埋め込まれているのだろうか。そしてその不確実性はどのように処理されているのであろうか。不確実性があるところではそれをいかなる言説に置き換えるにしても，否応なく判断が入ってくる。これらの判断は，従来，専門家のみが適切に答えられるとされたものである。しかし，安全に関して，ICRPが占めている地位を考えると，それらの判断は，単に科学的技術的な判断とはならず，直接的で制度的な政治性を帯びてくる。科学のサブ政治である。

　以下では，第2節でリスク論における不確実性をめぐる論議，およびリスクの政治性についてサブ政治論とガバメンタリティ論を中心に概観する。その後，第3節ではICRPの成り立ちや役割について簡単に述べ，第4節で，その勧告のもつ前提や不確実性を腑分けし，それが「科学」という名の下に，どのようにガバナンスを不可視化し，サブ政治として機能するかを検討する。最後に第5節で，本章の含意するところを敷衍してまとめとする。

2　不確実性，サブ政治，ガバナンス

不確実性とリスク

　第1章でみたように，もともとリスクは，「取るか取らないか」という意思決定の文脈を含んでいたが，このような文脈でリスクと不確実性の区分を導入

したのは，フランク・ナイトである。ナイトは，経済の分配理論における利潤の問題を主題として，リスクと不確実性を区別している[26]。それは端的に，計算可能なものとしてのリスクと計算不可能なものとしての不確実性である。

　……測定しうる不確実性と測定しえないものとの間に引かれた区別を保持するために，前者に「リスク[27]」を，後者に「不確実性」という用語を用いてもよいであろう[28]。

これらは両方とも，当時日常会話や経済論争において，損害のリスクであるとか利得の不確実性といった言葉で曖昧に使われていたが，徹底的に異なるものであるとナイトは主張している[29]。「先験的に計算を通じてかまたは過去の経験の統計からかのいずれかにより」，結果が「客観的確率」で表せるものをリスク，それに対して，ユニークで新しい種類の事象のためその結果が計算不可能なもの，つまりリスクという形に作り上げられないもの，を不確実性としている[30]。不確実性は，「非数量的[31]」で「主観的確率[32]」でしか表せないものであり，「判断」や「（科学的知識でない）意見の形成」が必要である[33]。他方リスクは，「実際にはまったく不確実ではなく[34]」，基本的には，保険（またそれが道徳的理由などによって難しい場合には何らかの方法）によって補償されうるものである[35]。
　一方，WRR (Scientific Council for Government Policy, The Netherlands)[36] が指摘するように現在のリスク研究においては，不確実性はリスクの属性として捉えられることが多い[37]。そのような不確実性は分野によっても異なるなど多義的であり，1990年代から自然科学および社会科学において不確実性概念の分類研究が行われているが，未だに統一的な見解はない[38]。そこで，ここでは，社会科学的な流れをくむ質的な不確実性分類と，自然科学的なアプローチを前提とした不確実性分析という2つの流れに分けて捉えることとする。
　社会科学的な流れをくむ不確実性分類は，主にヨーロッパを中心にリスク管理全体を改善するために行われている。これらは，リスクマネジメント全般にわたる過程を複合的なものとして捉え，リスクコミュニケーションや政策担当者への意思決定支援，ステークホルダーとの関係などを改善しようとする視線

表2-1 リスクの分類

	説明	対処法	例
単純なリスク	因果関係が特定しやすい。解決・予防が簡便	規則や法に従うことで解決	家庭の火事（火災報知機の設置・火災保険加入）
複雑なリスク	複数の原因要素が考えられるが、それを同定したり、因果の比重を決定するのが難しい	科学的専門知識、確かな削減手段、高い信頼性のある戦略	インフラの相互に連動した故障、重要なエコシステムへの過荷重
不確実なリスク	科学や技術的データが不足	予防とレジリアンス（耐性と回復力）の強化	自然災害、テロリズム、遺伝子組み換え作物
多義的なリスク	被害の程度や範囲、重大性に関して、多様で対立する見解がある	調査、聞き取りなどの対話、およびその透明性の重視、寛容と相互理解の醸成	食品添加物、家畜へのホルモン剤使用、受動喫煙、ナノテク、合成ゲノム

出典：IRGC（2005; 2008）を基に筆者が作成。

をもっている。そのなかでも，IRGC（International Risk Governance Council）は，2003年に政府や企業，NGOなど諸機関がリスクに対処するのを援助するためにスイスで設立された独立のNPOであるが，そのリスクガバナンスの枠組みはその後多方面に応用されている。そこでは，当該のリスクがどれだけの不確実性を含むかに関して，**表2-1**にあるような4分類が提案されている。[39]

小規模な火事など因果関係が特定しやすい単純なリスクから複雑なリスク，不確実なリスク，そして多義的なリスクに至るにつれて，未知な部分や扱いにくさが上がっている。ここで多義的なリスクは不確実性が相互に関連するもので，不確実なリスクよりさらに不透明なものである。

このようにリスクを分類することの利点は，リスクの種類によって，ステークホルダーやコミュニケーションの方法，政策決定の過程を調整できることにある。IRGCでは，それぞれのリスクに関する意思決定のプロセスにどれだけの利害関係者を巻き込むことが適切かということを決定する基盤として，それ

図2-1　利害関係者関与の構造

行為者				市民社会
			利害関係者	利害関係者
		管外の科学者／研究者	管外の科学者／研究者	管外の科学者／研究者
	規制団体／企業専門家	規制団体／企業専門家	規制団体／企業専門家	規制団体／企業専門家
参加のタイプ	リスクとその緩和策に関して科学的知識を最大化する	科学的知識とそのリスク緩和策に関して最大化する	最良の方法を選択するために，影響を受けるすべての利害関係者を巻き込む	リスクの含意やより深い影響についての社会的討議を行う
リスクの主要特性	単純 (simple)	複雑 (complex)	不確実 (uncertain)	多義的 (ambiguous)

　　　　　リスクの主要特性の変化に応じて関与する関係者も変化する必要あり

出典：A Structure for Stakeholder Involvement（IRGC 2008: 18）を訳出。

ぞれのリスクの不確実性を軸とした特徴を用いている。

　単純なリスクにおいては専門家が中心的な決定を担うことができるが，不確実なリスクや多義的なリスクにおいては，リスクガバナンスのすべてのフェーズで透明性が重視され，より広い範囲の関係者を巻き込んでの議論が必要となる。

　このような社会科学的な不確実性分類は，大きな現象枠組みに関してリスクの特徴づけとして行われたものであり，どのような範囲でどのようなコミュニケーションが求められているかなど，社会的でより民主的なリスクガバナンスを展開する上での重要な指針の供給源となる。ここでは社会システムを視野に入れたリスクの系統的な扱いに重点が置かれている。ただし，これらは以下にみるような，リスク評価の中身に立ち入っての不確実性分析とは区別されなければならない。

　この社会科学的なものとは別の流れとして，政策評価や政策決定の場面にお

いての意思決定支援を念頭に置いてなされてきた不確実性分析がある。これは，とりわけアメリカを中心に政策評価の文脈において発展してきたものであり，2003年には重要度の高い政策のインパクト分析として量的な不確実性評価が正式に義務づけられている[40]。当初，環境科学や毒性学に基づいてなされる科学的評価の不確実性を特定する試みとして始まったもので，科学的リスク評価そのものに紛れ込む不確実性に視線を向けたものであると考えることができる。このような政策決定を前提としたリスク評価に潜む不確実性を対象とした研究は幾つか存在するが，ここでは，体系的な分類を試みているクルップニックらの研究を出発点としたい[41]。

彼らはリスク評価に関する不確実性を，変動性，パラメータの不確実性，モデルに関する不確実性という3つの基本タイプに分類している。変動性とパラメータの不確実性は，両者とも測定可能な経験的な量に関するものであるが，パラメータの不確実性が認識論的であるのに対して，変動性は対象に備わる値のばらつきであるとしている。つまり，変動性が対象に内在する不確実性であるのに対して，パラメータの不確実性は，「知識の不足」という言葉でいい換えられるように，観測者や科学者，あるいはより一般に「知る側」に起因する不確実性であると考えられている。

モデルに関する不確実性は，現存するデータに基づいて実際の世界の因果関係や予測を行うことのできるモデルを作る能力の不足に起因しているとされている[42]。このモデルに関する不確実性に関しては，あまり踏み込んだ考察がなされていないが，より大きな影響をリスク評価にもたらしうるとされている。理論の前提や構成要素および構成方法，中心的と見なすデータ，評価方法といったパラダイム的要素[43]が異なれば，結果として大きく異なるリスク評価がでてきてもまったく不思議はない[44]。

これらに加え4番目の不確実性タイプとして，政策決断に関する不確実性がある。上記みてきた3つの不確実性が自然科学的なリスク評価に関わるものであったのに対し，この不確実性はリスク管理の段階で生ずるものである。関連する社会的事象をどのように評価するかに関わる不確実性であり，価値に関する不確実性とも呼ばれている[45]。

ここで先回りをして補足しておかなければならない。この不確実性は，本章で問題としているサブ政治を引き起こす専門家の決定と一見同じものを指しているように思われるかもしれない。しかし，このリスク管理における決断は，政治家や行政官によってなされるものであり，それゆえ通常の政治であり，サブ政治ではない。それは，判断をすることを任としているところでの決断である。本章で問題としているのは，むしろ自然科学的なリスク評価のなかに埋め込まれており，通常政治的判断とは違う空間に位置づけられている，科学による判断の政治性である。

リスクをめぐる政治性

　ナイトの時代には，リスクは比較的シンプルかつ客観的に与えられており，そのリスクの信憑性をさらに評価する必要はなかった。何かを作り出すという意味においても，何かを評価するという意味においても，科学的な知識が限られていたということに加えて，その科学的評価やリスクが埋め込まれている政治や社会的ガバナンスの仕組みも，リスクを複雑に取りざたするものではなかった。一方，現在においては，統計学をはじめとし，様々な科学分野の発展に伴い，リスク評価自体が複雑になっている。そのなかでも，とりわけ，統計学の発達とその社会現象への応用は，それまで扱えなかった多くの事象を量的に扱うことを可能とした[46]。さらに，また，ナイトが企業家の投資行動を扱っているのに対して，現在のリスクはそれを超えて，金融リスク，環境・健康等の公的リスクとそれにまつわる管理，権限などの問題をも含むものとなってきている。このように，決定者と帰結の影響を受ける側が乖離するようなリスクが増えるにつれて，そしてリスクとして概念化される際の不確実性が増すにつれ，現代のリスクは，ますます認識論的色彩を強めている[47]。リスクが直接感覚や経験を通して認知されるものから，次第に遠ざかるにつれて，リスクの構築性が意識されるようになる[48]。

　このようなリスクをめぐる政治性は，多方面で指摘されている。まず人類学的・文化学的視点からメアリー・ダグラスは，現在行われている多くのリスク研究は客観性を求めるあまり，「バイアスがかかっているとの咎（とが）を避けるため

に，政治と道徳という主題をまるごと排除してしまっている[49]」と批判している。「道徳的考え方や政治を計算に入れないリスク分析は，良識より職業的統一性を優先している[50]」のだ。ダグラスはさらにこう書いている。

　リスクに関する人々の論争は政治に関する論争である。それらは船乗りがどの方角から風が入ってきているか知るために帆の動きを読むように読まれるべきなのである。リスクに関する論争を読むことは，ここでもう少し信頼が必要であり，あそこでもう少し注意深さが必要であるといったことを明らかにするであろう。リスク受容を技術的な問題として扱うことは，統治権を分散させる。議会や国会はそれを自らの領分に取り戻さなければならない[51]。

　ダグラスが，ここで指摘していることは，リスク社会論と親和的である。リスクの政治性に関して，リスク社会論では，少なくとも2つの観点からアプローチがされてきた。1つは，ミシェル・フーコーによる1978年コレージュ・ド・フランス講義に起源をもつもので，統治理性（governmental reason），あるいはフーコー自身の造語であるガバメンタリティ（governmentality）をキーワードとする研究領域に位置づけられる[52]。そこでは，様々な統治術（art of government）の仕組みを探索することが行われているが，統治術とは基本的に，政治的慣習や実践に，経済的思考を導入するために行われていることである[53]。

　統治術は，……どのように経済を導入するかという問題──それは，家庭のなかで個人や財，富を管理する正しい方法（善き父が妻や子どもたち，そして召使いたちとの関係のなかで実施すべく期待されていることであるが），そして家族の繁栄を図る正しい方法といったことであるが──に答えようとすることと本質的に関わっている。統治術は，父が家族に対して払うこの細かな注意を国家の管理にどのように導入するかということと本質的に関わっているのである[54]。

リスクやそれをめぐる社会的技術は現在において，1つの重要な統治術の役割

を果たしていると考えられており，それがどのような生政治を引き起こすか，また「リスクの名の下[55]」にどのような権力行使がなされ，社会的変化や統治される主体の変化が引き起こされているかを，より広い政治的文脈において捉えることは，主にフーコー派のリスク研究において重要な主題となってきた。

その一方であまり具体的な研究の流れを引き起こすには至っていない流れとして，「決定」ということに焦点を当てた流れがある[56]。サブ政治という概念である。

ベックは，サブ政治を「従来の意思表明機関を迂回して生じる直接的な政治[57]」であるとしている。サブ政治論の興味深い点は，従来「非政治」とされた経済，科学技術，医療などの領域における日常的な行為や選択の政治性を俎上に上げていることである。

> つまり，社会を左右する決定権限の半分だけが政治システムに集中させられて，議会制民主主義の原則に従う。しかし，残りの半分の決定権限は公の統制を受けず，正当性の理由づけもされないまま企業や科学に属する[58]。

先にみたダグラス流にいい換えれば，これらの領域はリスクを「技術的な問題」として扱うことにより，密かに，しかし確実に「統治権」を獲得する。さらに，グローバリゼーションが進んだ現代においては，政治と政府の連合関係は解き放たれ，グローバルで自主的な機関や制度が，国民国家の代表的な制度を超えて「社会的なゲームのルール」を書き換えている[59]。そのような世界リスク社会における決定は，政治的決定であるとの自覚や他覚なしに，いわんや公共圏での議論を経ることもなしに，経済行為や科学行為の一環としてなされるものである。しかし，そのルーティーンに埋没した決定や標準化は社会を，密かにしかし実質的に，変化させる力をもつ。ここで，サブ政治論は，ガバメンタリティ論と接点をもつと考えられる。科学に代表されるこれらの「技術的領域」は，リスクの制度的構築と近代のディスコースに守られて，有効な統治術として機能する。

リスクは相互に関連し，背反する認知的共同体（epistemological community）[60]

によって，様々な不確実性を削り取られることによって形作られる。それらは呼応する制度や機関，審議会で専門的に決定され，インターネットやマスメディアによって社会的に認可されていく。リスクは，産業的，経済的そして科学的に内化され，それぞれ相対するグローバルアクターによって，制度的に生産され，定義されることとなる。このような決定による「現実の構築」[61]は，中心的な「制度に近ければ近いほど，権力をもち，リアルになる」[62]。本章の放射線防護の分析において，ICRPという組織の制度的構築主義[63]が，前景化されるゆえんである。

　科学という，この「非政治」で技術的とされた分野は，近代というプロジェクトの底流をなす「進歩」や「合理性」という暗黙のディスコースによって，当たり前のようにお墨付きをもらい，それぞれのシステムに固有な専門的行為と選択を容認されている。とりわけ，それは豊かさや富，そして快適さを生み出す魔法の杖として，独自の地位を占めている。「国際的な標準化」や「科学の客観性」といったディスコースは，不透明性を排除する近代的メンタリティにおいて，効果的に作用している。科学は，こういった近代のディスコースの下，ガバナンスのメカニズムを不明瞭化し，サブ政治として結実する。

　第4節では，先に概説したクルップニックらの研究を出発点としつつ，特にシーボルトという一見単純な単位に含まれる不確実性とそれの原因となっている放射能と人体の様々な要因について検討する。しかし，その前に次節では，ICRPとその科学的勧告の概要に関して簡単にみておこう。

3　ICRPの成り立ちとその基本勧告

　ICRPの前身は，国際X線・ラジウム防護委員会 (IXRPC) である。これは，当時，放射線を扱う医師や技師に関連する障害が多く発生していたことに対処するため，各国の医学放射線学会の連合体，国際放射線医学会議 (International Congress of Radiology, ICR) の第2回会議での決定に従い，1928年に生まれた組織である。1950年にこの委員会が再編され，現在のICRPという名称になったが，ICRの一委員会という位置づけは変わっていない[64]。

ICRPは主委員会と専門委員会から構成されている。過去半世紀にわたって4つの専門委員会が活動していたが，ホルム主委員会委員長の下2005年9月に，環境の放射線防護を扱う独立の専門委員会が加わり，現在は5つとなっている[65]。

　主委員会が作成する「基本勧告」は放射線防護体系の基本となるものとして，1958年にPublication 1として初の勧告が出されて以来，1964年，1966年，1977年，1990年勧告と続き，そして2007年勧告が現在最新のものとなっている[66][67]。これら基本勧告と併せて，基本勧告の基礎となるアカデミックな内容をもつものや基本勧告の適用に必要な行為基準などに力点を置いた冊子も多く刊行されている。

　ICRPは「規制当局あるいは助言機関に対し，主に適切な放射線防護の基礎となしうる基本原則に関するガイダンスを提供することによってその勧告を提示する助言組織である[68]」と自らを規定している。ICRPは，UNSCEARの報告を科学的根拠として，放射線防護の基本的勧告を行い，さらにIAEA（International Atomic Energy Agency）などの国際機関がより具体的な指針を作成し，これら勧告や指針を各国規制当局がそれぞれの放射線防護・管理の法律や規則に取り入れるという関係になっている[69]。委員会勧告は「規制基準の一貫した根拠を提供[70]」しており，実際の規制本文は，当該の規制当局が作成するべきであるが，「当委員会のガイダンスに基づいて作成すべきであり，また大枠でガイダンスと一致しているべきである」としている。実際委員会がこれまで公表してきた勧告は国際組織や各国において，放射線防護対策の重要な基礎となってきたので，「放射線防護に関わる事実上すべての国際基準と各国の国内規則は，委員会の勧告に基づいている[71]」。特に，1990年勧告は，各国の法律に多く取り入れられている。日本においても2001年4月に改正された「放射性同位元素等による放射線障害の防止に関する法律」には，1990年勧告が大幅に取り入れられている[72]。

　この1990年勧告への見直しは，1999年3月にクラーク（Roger Clarke）委員長（任期2001年7月1日～2005年6月30日）が執筆した「低線量放射線被ばくの制御——変更の時期か？——（"Control of Low-level Radiation Exposure: Time for a Change?"）」という論文がきっかけだとされている[73]。さらに，クラーク委員長

第2章　リスクの不確実性と不確実性のリスク　51

は2004年4月広島で「制御可能な線量"Controllable Dose"」と題する講演を行い，広く議論を呼びかけた[74]。クラーク委員長は，新しい勧告を作成する理由として以下の3点を挙げている[75]。

（ⅰ）1990年以降新しい科学的データが出てきていること
（ⅱ）新しい勧告を作成する際により広い開示や透明性を求める社会的な変化があったこと
（ⅲ）「最大多数の最大幸福」を求める功利主義的アプローチから「個人」により焦点を当てたアプローチに移行したこと

実際，2004年6月には，2005年ICRP勧告案として，その全文がウェブサイト上で公開され，広く意見募集が行われた。これはICRP勧告において初めての試みだったので，決定に対する透明性を高めたと評価された[76]。ウェブサイトでの公開はさらに2006年にも行われている[77]。次期任期まで新勧告を延期することがしかし，2005年3月に決定され，同年7月にはクラーク委員長に代わって，ホルム委員長が就任した。ホルム委員長は，一転して従来の勧告からの大きな変化を望まず，むしろ継続を強調した[78]。

　ICRP勧告は，「被ばくに関連する可能性のある人の望ましい活動を過度に制限することなく，放射線被ばくの有害な影響に対する人と環境の適切なレベルでの防護に貢献すること[79]」を主な目的としている。しかし，この目的は，単に「科学的知見」のみでは達成することができず，様々な種類の「価値判断」をしなければならない点が述べられている。この部分を直接以下に引用しておこう。

　　この目的は，単に放射線被ばくとその健康影響に関する科学的知識に基づくだけでは達成できない。それには放射線に対して人と環境を防護するためのモデルが必要である。この勧告は科学的知識と専門家の判断に基づいている。放射線被ばくに起因する健康リスクに関連した科学的データのようなデータは，必要な前提条件であるが，防護の社会的・経済的側面も考慮しなければ

ならない。この点において，放射線防護は，危険の管理に関する他の分野と異ならない。科学的推定と価値判断の基礎及びそれらの間の区別は，どのように決定がなされたかの透明性を高め，かくして決定への理解を増すために，可能であればいつでも明らかにするべきである，と委員会は信ずる。[80]

ここでいう「専門家の判断」や「価値判断」の政治性，およびこのようなディスコースがもつガバメンタリティが，この章で問題としている「科学のサブ政治」を引き起こしているのであるが，この点は，不確実性の検討を行った後，再び第4節後半および第5節で取り上げることとする。

4　ICRP勧告にみる科学のサブ政治

例えば「100ミリシーベルト以下では，ガンなどが発症する有意な証拠はない」というような言説は，3.11以降日本における日常のディスコースに急激に侵入した。もちろん，それが安全と危険を分ける境界ではないという但し書きがつく一方で，特に日本においては，それが国際的なものであるということ，そして科学的評価であるということが強調され，それはあたかも確実で信頼性があるものとして，私たちの生活を標準化しつつあるように思われる。本節では第2節で概説した不確実性研究を援用しつつ，それらの言説が準拠している科学的評価の内容に踏み込んでどこにどのような種類の不確実性が練り込まれているのかを探求してみたい。ICRP勧告に対して，批判的な立場から意見表明している，ECRR (European Committee on Radiation Risk, 欧州放射線リスク委員会) 2010年勧告や，ACSIR (Association for Citizens and Scientists Concerned about Internal Radiation Exposures, 市民と科学者の内部被曝問題研究会) などの言明を参照しつつ，通常議論に上がる線量−影響関係やデータの選択ではなく，ここではパラメータや単位などむしろ基礎的な部分に焦点を絞って，より市民に近い視線から検討する。

放射線の人体に対する影響

　そもそも放射線はなぜ人体に影響を与えるのか，ということから始めよう。それは，放射線が物質中を通過する際に，その物質を構成する中性の原子や分子から電子を弾き飛ばして電離させるからである。この作用は電離作用と呼ばれ，この作用をもって放射線は人体に影響を与えることができるのである。

　電離作用が生体内で起こると，人体を構成する水や生体分子の化学結合が切断される。この電離作用に必要なエネルギーは10電子ボルトとされるが，放射線を構成する量子は，数千から数百万電子ボルトのエネルギーをもっているため，放射線の量子1個は，生体組織内で数百ないし数十万の電離作用を引き起こす。[81] 電離作用を受けても，ほとんどの細胞は再びもとの状態に修復されるが，時によって，細胞の死や電離作用による損傷を間違って修復することによる変質が起こる。[82]

放射線荷重係数と組織荷重係数

　次に実際に放射線の人体への影響を評価する際に生じる複雑性を，主に放射線側に関連するものと人体側に関連するものに分けて記述してみよう。

　放射線側に存在する複雑性は，人体に影響を及ぼす電離放射線には種類があり，その放射線の種類によって人体を通過する仕方が異なるということである。放射線の人への影響を考察するときに，放射線側の中心的な情報となるのは，電離作用がどのくらいの距離で何回起こるかという密度，あるいは，それを引き起こすエネルギーの大きさである。電離エネルギー密度が高いほど，損傷が起こる確率も高いわけであるが，放射線が生体組織を通過するとき，光子，電子，陽子，中性子など放射線のタイプによって行動が違う。このような違いをICRPは，RBE（Relative Biological effectiveness，生物効果比）を基とした放射線荷重係数というものを定義して，一律化している。放射線荷重係数は，「確率的影響に関係する，広範囲な実験で得られたRBEデータに基づく判断（強調──筆者）によって選定」されており，[83] これらの値の幾つかは随時修正される。2007年勧告では，中性子と陽子の値が，1990年勧告とは異なっている。[84]

　次に人体という側からの不確実性として，放射線の影響が臓器によって大き

く異なることが知られている。このような臓器による違いを捉えるため，組織荷重係数というものが想定されている。これは，全身を15の部分に分け，それぞれに与えられている荷重係数が合計で1となるように定められている。[85]

　このような人体の各組織・臓器が受けた線量を，致死ガンの発生確率を用いて全身等価に換算する「実効線量」の概念が導入されるのは，1977年勧告からである。それまでは，主要な臓器ごとに線量限度というものが与えられていた。放射線影響でガンが注目されるのも，1977年勧告からである。原爆投下後ある程度時間が経った1970年代になって，被爆者に白血病以外のガンの過剰発生がみられるようになり，UNSCEARによって因果関係が証明されたからである。[86]

シーベルトという単位

　ここまで述べてきたことを今度は単位の観点から整理してみよう。放射線の単位を扱う国際的な科学組織として国際放射線単位測定委員会（ICRU）がある。ICRPとは姉妹団体であり，相互に密接な連携を保っている。[87]単位においても，物質側からのものと人体に視点を置いたものの2種類が基本量としてある。まず放射線側のものとして，放射性原子核が1秒間に何個崩壊して放射線量子を放出したかの回数を表すベクレルとエネルギーを表すジュールがある。それに対して，人間への影響を視野に入れた単位がグレイで，人体組織1キログラム当たり1ジュールのエネルギーを放射線から吸収したとき1グレイの吸収線量という。この吸収線量というのは，人体と放射線の関わりを表す基本的な量でこれが評価の出発点となる。これは，単に放射線の線源における線量ではなく，人体に吸収される線量である。ただ，これだけでは，どのような影響を実際に人体に与えるかを評価することができない。

　そこで先に述べた2つの因子，つまり，放射線の種類による違いと人体の臓器による違いをパラメータ化したものを荷重することとなる。放射線の種類をパラメータ化した放射線荷重係数で吸収線量を加重したものをある組織あるいは臓器についての等価線量と呼ぶ。そしてさらに，人体側の変数を考慮に入れるために，人体すべての特定された組織および臓器における等価線量の組織荷

重合計が実効線量である。つまり，吸収線量を基に放射線荷重係数で荷重したものが等価線量，加えて組織荷重係数で調整したものが実効線量となる。もちろん，等価線量や実効線量は，J/kgという単位をもつ吸収線量に，放射線係数や臓器係数を荷重したものであるから，単位はそのままでJ/kgであるともいえるが，シーボルトという単位を等価線量と実効線量の単位として使っている。「放射線量の評価は放射線防護において基本的なことである」が，「臓器・組織の等価線量も実効線量も直接測ることはできない[88]」のである。

通常単位が基礎的で直接観測可能なものであるとすると，シーベルトという単位自体が，X線に比べて何倍の影響を人体に与えるかという生物学的効果比という比較を基にした放射線の種類による係数，および臓器当たりの荷重という少なくとも2重の荷重を含んでいるということは心にとめておく必要がある。

さらなる論議

ここで問題になっているのは，放射線荷重係数と組織荷重係数という基本的な係数の値が単純には決まらないという点である。ECRRはICRPとは異なる観点から多くの批判と提案をしているが，ここで考察している2つの係数に関するものに限っても，以下のような指摘をしている。

まず，放射線荷重係数に関して，ICRP勧告には，それが，生体外 (in vitro) での細胞の変異効率と生体内 (in vivo) でのそれは同様な関係をもつという仮定があること[89]，そして，核崩壊による放射線とは異なる2次的光電子効果も，特に原子番号の大きい元素で汚染されている場合には，考慮する必要があることを論じている[90]。また，RBEに関して澤田は[91]，β線は，X線/γ線とα線の中間であるとして，内部被曝に対してβ線のRBEを1とするICRPの評価に疑問を呈している。

また，ECRRは「電離放射線の決定的な標的は個々の細胞である」[92]として，ICRP の体系は，臓器による感受性の違いは扱っているものの，細胞周期における感受性の違いを考慮に入れていないことを指摘している。血液細胞や消化管の上皮細胞のように速く複製される細胞種や分裂活動中の組織は放射線に対して非常に敏感であると述べている。このような細胞周期による変動性は扱い

にくいものであり，不確実性の基となる。

さらに，ECRRは[93]，医療放射線技師は気づいていることであるが，放射線防護においてまったく見過ごされていることとして，電離密度と臓器の構成要素の関係について論じている。ICRPの扱いでは，ある一定の臓器内であれば，放射線の吸収や電離飛跡密度は一定であると考えられているが，「事実はそうではなく，電離飛跡の密度は，吸収臓器の分子的・原子的な構成要素の関数」であるとしている。

これらの指摘の多くは，細胞や代謝など，生体に特有なメカニズムに関することであり，このようなICRPとECRRの比較からわかることは，双方が異なる学問的基盤をもっていることである[94]。大きく捉えると，ECRRは幅広く最新の生物学的・生理学的知見に通じており，それを放射線防護に活かそうとしているのに対し，ICRPは，下でみるように生物学的変動を認識してはいるものの，全体としては，物理学的思考に依拠し，影響の受け手である人間の成り立ちは，ともすると大雑把に捉える傾向があると考えられる。

ICRP2007年勧告における不確実性の扱い

このような不確実性について，1990年勧告では，「付属書B　電離放射線の生物影響」のなかの「B.5.16　リスク推定値の不確実性」という節で記述があった。2007年勧告では，「3.　放射線防護の生物学的側面」という章の最後に「3.5.　判断と不確実性」という節が，そして「4.　放射線防護に用いられる諸量」の最後に「4.5.　不確実性と判断」という節が設けられている他，付属書Bで「B.6.　放射線防護における不確実性と判断」としてさらに検討が行われている。本章で取り上げた点と特に関連するのは，第4.5節と付属書Bである。

ICRPは不確実性と変動性を区別して，不確実性とは，「ある与えられたパラメータ値又はモデルの予想若しくは，ある集団に対する線量の代表値の推定値におくことができる信頼性のレベルをいう」と定義している[95]。変動性とは基本的に生物学的変動性を意味し，「問題とする集団の様々な構成員の間の量的な違い，例えば生理学的パラメータ及び代謝パラメータに関する違いを指す」[96]としている。ICRPはこのような生物学的変動性を，例を挙げてわかりやすく説

明している。

　例えば，同じ年齢と性別で同一の食習慣を持つ2人の健康者が，物質の結腸内移動にかなり異なる速度を示すことがある。同様に，ある集団の個々の構成員は，同じ最初の摂取に対して甲状腺による放射性ヨウ素の取込みにかなりの変動を示すであろう。[97]

代謝の速度や食生活や生理学的特徴といったものは，同じような環境や習慣をもつものの間でも1人ひとり異なり，またより細かくみれば同一個人であっても年齢や生活環境によって変動する。[98] この意味で，生物学的変動性は，係数値の「不確かさの重要な源」となっている。[99]
　変動性に関しては，基本的にICRPと第2節で考察したクルップニックらの分類は一致するが，不確実性に関しては幾分ずれているようにみえる。[100] クルップニックらは主に認識主体に起因するものとして不確実性を捉えていたからである。そこでは，認識主体と探求対象という区別が不確実性と変動性の基となっていた。しかし，対象の変動性ゆえに認識主体がそれをより精密に定式化することを妨げているということを考慮すれば，パラメータやモデルの信頼度を不確実性とするICRPとそう遠くはない。

　他の不確実性の要因としては，測定の精度やモデルそのものに起因するものなどが挙げられているが，ICRPは「いくつかのパラメータの値とモデル自体の構成や構造には相当の不確実性が存在することが認識されている」[101] と述べて，ある意味きわめて率直にその不確実性を認めている。そして，幾つかの研究で不確実性を評価することが行われているが，第2節でみた政策決定のための不確実性分析で通常行われるような「ICRPモデルの全体にわたる不確実性に対する数値を与えることは不可能である」[102] としている。

　また，「放射線核種の体内動態を含む内部被ばくによる線量の評価の不確実性は，外部被ばくによる線量の評価の不確実性より大きい」[103] として，低線量と低線量率における被曝は，「高度の不確実性をもちこむ」[104] としている。不確実性が先の定義であったように信頼度のレベルだとすれば，これはモデルやパラ

メータの信頼度が一般に捉えられているほど高くはないということを意味することになる。そして先に2つの加重係数のところでみたように，このような不確実性の下では「線量評価のために必要なモデルとパラメータの値の最善の選択には判断が必要である」[105]として，「判断」が必要なことも認めている。

不確実性の固定と判断――ガバナンスとサブ政治の観点から――

興味を引く点は，このような不確実性をICRPがどのように解消しているかということについての論理である。これらの不確実性は，規制のための値として決定することによって，固定でき不確かでないとICRPは主張している。論理はこうである。

そもそも，委員会の勧告する線量評価モデル，換算係数および他のパラメータは，主として

(i) 通常の職業被曝を計画しまた評価するため
(ii) 環境への放出を計画するため
(iii) 線量の包括的な評価のため

に，「線量は低い」という前提の下策定されている[106]。つまり，事前に計画したりコントロール可能な状況を主な想定としている。このような設定において，「規制目的」[107]のためには，ICRPが勧告する線量評価モデルとパラメータ値は「参考値」であり，「取決めによって固定され，それゆえ不確実性に支配されない」[108]。また，「線量評価の目的」[109]のために使われる「体内動態モデルと線量評価モデル」も「基礎データとして定められたもので，それゆえ，これらも固定され，不確実性を適用されない」[110]としている。

確かに，不確かなものを確かなものにすることを私たちは決定と呼ぶ。決定とはその語の意味からして，不確かさを取り去るものなのだ。つまり規制のために，値をこれこれだと取り決めることによって，不確実性を考慮する必要はなくなり，その後は，値を超えているか否かということが規制の関心事となる。

しかしこのような「取り決め」や「決定」をする当事者は，正当な権限をも

っていたのであろうか。ここでは，科学とガバナンスの境界が限りなく不鮮明になっている。ECRRは以下のように述べている。

　……荷重係数の値についてはICRPという委員会によって選択されているので，その方程式は物理学的なものではなく，異なる放射線の間にある相対的な効果に関する人為的価値判断（human value judgments）が含まれていることになる[111]。

ICRPが不確実性を固定するために行った決定やリスクの制度的構築は，政治的内容を含むものであり，私たちの安心と安全，危険とリスクを分けるものである。ところが，このような「取り決め」や「決定」がもたらすガバナンス機能は「科学は客観的である」という近代のディスコースの下，複雑で専門的な科学的議論を通して，不可視になっている。それは，通常の政治的プロセスを経ることなく，その脇道においてきわめて自然に政治的権力を行使することを許されている。近代のディスコースにおいて，長く技術や科学は原則的に民主主義の正当化を必要とせず，専門家が専門知に基づいて適切な判断をするのは当然のこととみなされてきた[112]。こういったディスコースは，科学は政治から遠く離れたものであるというメンタリティの形成において，きわだった成功を収めている。リスクに関する科学的評価は，こうして社会的統治術の1つとして作用し，科学はこのように通常のガバナンスを超越することによって，サブ政治として機能することになる。

　ここで，問題となるのは，決定主体は，ICRPであり，ICRPの決定したことが標準モデルとなるという一度も民主的に決定されたことのない前提であろう。ICRPは勧告に含まれる不確実性を十分意識しており，「可能な場合にはいつも，それを批判的に評価しかつ減らすための努力を払っている[113]」として，誠実に科学的知見の拡大を受け入れる姿勢を表している。しかし，判断をするのは，ICRPであるということは確定したこととなっている。

　ICRPはこれらのモデルと値を定期的に再評価し，新しい科学データや情報

が得られた時点で，その評価に基づき変更することがある。[114]

　澤田[115]は，放射性降下物による被爆データは原爆被爆者のデータとして軽視されてきたことを指摘しているし，ECRRは異なったモデルを提案している。しかし，このようなオルタナティブなデータやモデルに関しても，判断主体はあくまでICRPであり，どのような批判をどのように取り入れるかも，ICRPが決定する。このような対抗専門家によるオルタナティブな提案の存在は，様々な社会的装置によって埋め込まれ，一般市民の目からはみえにくいものとなっている。その結果，科学の内部で不一致があるということは，忘れ去られることとなる。

　科学のブラックボックス化を助長するもう1つのディスコースは，「国際的」ということである。国際的組織であるということは，広く開かれた組織であり，多くの異なる意見はすでに集約済みであるといったオーラをICRP勧告に与えることができる。さらに，より専門的な科学機関としてのUNSCEARとの連携などにより，制度的構築は増強され，社会的権威も生じているといえよう。このように，「科学的」や「国際的」といったディスコースは，それが行使しているガバナンスを社会的に不問とする。これは，いかに「科学」が通常のガバナンスシステムを迂回できるかを示している。勧告は必要によって見直され変更されるが，変わらないのはICRPがいつも標準だということである。客観性や価値をどのように勘案するのかは，ICRPという閉じたグループにゆだねられており，この意味で，ICRPは自己統治を行うセルフガバナンスの組織とみることもできる。[116]そして勧告にこのような不確実性と判断が含まれているということは表面的にはみえにくい仕組みになっている。

　他方，上記とは対象的にICRPが不確実性を厳しく検討しなければならないと述べている状況がある。「線量が高いとき，例えば事故被ばくの後又は疫学調査に対しては」[117]，あるいは「限度に近いか又は限度を超えるかもしれない線量の遡及的評価においては」[118]，「不確実性のすべての源を考慮に入れるべき」[119]であると主張している。「不確実性のすべての源」とは，「個人の解剖学的及び生理学的データ，放射線核種のソースタームに関する具体的な情報，体内動態，

また外部被ばくのケースでは放射線の入射方向の変動性」[120]を含む。

「B.6. 放射線防護における不確実性と判断」は，以下の段落で終わっている。

> 終わりに当たって，標準モデルとそれらのパラメータ値は，予想される放射線防護に用いるために策定された。これらのモデルとパラメータ値は，被ばくが低いときにも線量限度の遵守を証明するために用いられるが，しかし，一般に，個人のリスク推定値又は疫学調査に対しては用いるべきでない。それがなされる場合には，不確実性を厳しく検討しなければならない。そのような個人のデータが利用されないのならば，標準パラメータを用いてよいが，このことをはっきり文書化しなければならない。この使用制限は特に実効線量に適用される。個々のケースの評価と判断に対しては，臓器又は組織への吸収線量を，最も適切な体内動態パラメータ，電離放射線の生物効果及びリスク係数のデータとともに用いるべきである。これらの場合においては，不確実性を考慮に入れるべきである。[121]

つまり，ICRPの勧告値は，主に「予想される放射線防護」[122]において，「線量限度の遵守を証明するために」[123]用いられるべきものであるということで，個人の被曝における健康リスクを直接判定するためには適したものではないというように読める。このような条件づけは十分に社会に示されておらず，それゆえ，このような科学的知識が社会に伝えられるとき，そのリスクに関する含意は不明瞭なものにならざるをえない。例えば，3.11の事故のように，一般市民が自身や関係する人々といった，個々人の健康リスクに関する知識を切望していても，その科学的情報は不鮮明なものとならざるをえない。そして，リスクと安全が，ときにその歴史的偶有性に応じて，社会の特定のガバナンスシステムに適合するように形作られてしまう危険性をもはらんでいるといえる。[124]

5 おわりに
　——リスク選択の構築性と再帰的科学の可能性——

　近年進行している不確実性に関する研究を基に放射線防護の科学に存在する不確実性と，それに伴う「専門的決定」について，ベックとフーコーにそれぞれ代表される2つのリスク社会論的視線を結合するかたちで，それがもつ政治性について考察した。とりわけ，科学的国際機関によるリスクの制度的構築，および，「科学」や「国際」といったものが生み出す暗黙のディスコースがいかに，科学が通常のガバナンスを迂回してサブ政治として帰結することを可能とするかを考察した。[125]

　現在人々の生活のなかに入り込んでいる放射線というのはおおむね，ベック[126]がいうように，科学という手段でしか製造できず，その被害や影響，有用性もまた科学抜きでは把握し難いものである。それは「感覚に訴えることがないので」[127]，五感で感じることができないが[128]，心配される影響には，直接的なものに加えて晩発性のものも多く，遺伝への影響まで含むという特徴がある。それゆえ，本章でみてきたように，科学の細かいステップに人類全体に影響を与えかねない重要な政治的判断が否応なく入っているのである。

　ここまでの考察で明らかになったことは大きく3点で捉えられる。1つは，一般社会にはみえにくい形であるが，放射線の健康影響評価には，確かに相当な不確かさが存在するということである。2点目は，不確かさを判断で固定する過程が閉じているということである。そして，第3点目としては，この事例のリスクや不確実性を安定させているガバナンスシステムは，民主主義とは異なった形で維持されているということである。科学的知識や国際組織は正当性をそれ自体において埋め込んでおり，国会や議会など通常の政治システムを経ることなしに，サブ政治としての政治性を獲得している。それぞれの点はさらに敷衍される。

　まず，1点目に関しては，不確実性の存在自体を問題視しているのではなく，不確実性は解消されるのが望ましいとしているのでもない。そもそも，ここで

問題にしているような不確実性は，知識の不足により生じているのではなく，知識の過剰によって生じている。UNSCEARによる科学的知見やICRP勧告の基礎には，一流の，そして複雑で洗練された手法をつくした，無数の専門的科学研究がある[129]。そこでは，個別化された科学が，「条件付きの，不確実な，相互関連のはっきりしない細かい研究結果[130]」を果てしなく生み出すこととなる。第4節でみた不確実性は，科学的研究の成果として生産されているものである。

　産業社会を通しての科学の成功は，「単純な科学[131]」の有効性を印象づけ，科学はその現実や真理の把握，啓蒙を目標に掲げて邁進し，近代を牽引するエンジンとしての役割と評価を確たるものとした。「科学はこれまでどのような権力も成し得なかったような変化を世界に与えてきたのである[132]」。科学はさらにこのような要請に応えるため制度化され，細かく専門化され，複雑で精密で限定された理論を得る代わりに，多くの事象を重要でないものとして切り捨てることとなる。クーンの名づけるところの第2の科学革命である[133]。しかしこのような制度的・認知的改良が進むほど，従来の目的は達成されえないことに気づくことになる。「本来認識を極め，それを啓蒙しなければならない[134]」科学が，「科学的精密さで上手にだましてしまう[135]」ことや，「いかようにも変わりうる，断定的認識，規則化された認識，形式化された認識[136]」を生み出すことを始める。この時点で，「科学はますます必要不可欠なものとなるが，同時に社会的義務として何が真理かを明らかにするという点から見ると，ますます不十分なものとなる[137]」。科学はすでに真理や現実を探求する「単純な科学」としての有り様から「自らの生み出した物そのもの，自らの欠陥そして科学が生み出す結果として発生する諸問題と対決[138]」する「再帰的科学[139]」の有り様も備えてきている。

　2点目の決定の独占に関して，1つの大きな問題は，ICRPが行うサブ政治的決定において，価値がどのように捉えられているか明らかでないという点である。この点に関しては，より民主的で開かれた行程，価値に関する討議・承認・確認，決定の透明性などが試みられるべきであろう。先にみたIRGCのような社会科学的なリスク対処の枠組みに，リスク評価を対象とした自然科学的な不確実性分析の知見を統合するための方法を策定していくことも必要である。この過程では，従来は主に政策決定者を対象に行われてきた量的な不確実性分

析を市民に向けたものに鋳込んでいくことが重要である。放射性物質の産業的利用のような社会的含意の高い問題に関して，不確実性を科学的論理の各段階において示していくのに加え，不確実性がどのような前提で生産されているのかを示すのは，全体的に対立する状況を緩和したり，情報を伝える際の助けになる。敢えて不確実性を伝えることは，科学技術を民主化し[140]，市民つまり危険という形で影響を被る側が，専門家の判断とは独自の判断基盤を醸成するのに役立つと思われる。

しかしこのような主知主義的対策において，経路依存性[141]という陥穽にはまらないよう注意する必要がある。経路依存性とは，「未来の状態は過去の一連の偶然の事象の起こり方にゆるやかに依存する」という考え方であるが，コンティンジェンシーをもつ初期状態から強く構造化された終期状態へ帰結する過程を説明するための概念である[142]。先に述べた再帰的科学としての有り様が広がっていることを考えれば，不確定性を減らすためのさらなる科学的調査，研究の推進やデータの測定と収集は，不確実性をさらに深く埋め込むことにもつながりかねない。また，決定の透明性や民主主義的行程は，容易に官僚的行程とそれに伴う複雑性と化す危険性をはらんでいる。

それでは，経路依存でない方法とはどのようなものなのであろうか。この点が，前述の3点目，科学のサブ政治と関連する。

本章で考察の対象とした放射性物質は，科学や社会や人間が生み出したもので，ベックの言葉では「文明による第二の創造物」[143]，ラトゥールの表現では，「準モノ」[144]である。19世紀末の発見以来，私たちが「多くの重要なそれらの利用法を発見し，そして，意図的にあるいは望まれない副産物としてこれらを作り出す新しい技術的プロセスを発展させてきた」[145]結果，生じたものである。社会とは異なるもの，外にあるものとして通常自然の奥深くに守られていた放射性物質ではなく，人間活動，とりわけ科学活動から生じたリスクである。

科学を客観的で，価値中立的なものとする近代のディスコースゆえに，科学は，特定の社会的イデオロギーやガバナンスシステムに組み込まれつつも，既成権力としての地位を暗黙裏に築いてきた。そして，今や科学はサブ政治としての大きな力を獲得するに至っている。しかし他方，科学は，不可逆性，種の

衰退，次世代への負の遺産，サステナビリティ，数世紀にわたって影響が続くものを安全に管理することができるかなどの困難な課題にも取り組むよう迫られている。

　ここで，見過ごされがちなことは，リスクはそもそも必然ではなく，人々や社会の行為と決断の結果であるということである。どのリスクを選ぶかによって，科学は，際限なく不確実性を生産することもできるが，また一方で「根本的に別の形態発展の可能性を洗い出す」[146]とともにそれを追求する手段をも与えうる。そのためには，科学のサブ政治性を考慮に入れつつ，特定のガバナンスシステムのなかで，それがいかに作動するかに関する注意深い洞察が積み重ねられるべきであろう。そして，選択されたリスクの評価や管理に役立つ有能な下僕としてではなく，どのようにある種のリスク選択を避けるべきかを人々に教えうる，再帰的科学としての様態が一層求められる。放射性物質を準モノとして大規模に利用するという選択が生み出すリスクの不確実性を追い続けることもできるが，その不確実性のリスクに光を当て，産業社会的成長とは異なる形態の豊かさを探し出すということもまた可能である。

注

1) Beck (1986; 2007)
2) Luard (1990: 243)
3) Luard (1990)
4) 米本 (1994: 52-57)
5) 米本 (1994: 52-53) からの引用。
6) Commission on Global Governance (1995=1995: 4)
7) Commission on Global Governance (1995=1995: 434-435)
8) グローバリゼーションに関しては，主に3つの理論的立場がある。それを積極的に捉えるハイパーグローバリスト，懐疑論者，そして変容論者である (Held *et al.* (1999); Held (2000))。リスク社会論においては，グローバリゼーションという何らかの変容が起こっているという認識の下での分析が多い。
9) 小林・遠藤 (2000)
10) Held (2000); Held and McGrew (2002)
11) Held (2004; 2010)
12) Held (2010)
13) Held (2000; 2010)

14) Shapin and Schaffer (1985) ; Latour (1987)
15) 国際化とグローバリゼーションの関係について，グローバリゼーションが，国家という枠組みを無効にする動きであるのに対して，国際化や国際的標準化は，国家の決定として採用されることも，グローバリゼーションの結果としてもたらされることもあると本章では考える。
16) Heyvaert (2009)
17) Falkner and Jaspers (2012)
18) Renn (1995)
19) Weinberg (1972)
20) Brooks (1972)
21) 一ノ瀬ら (2012)
22) 吉岡 (2011: 9)
23) 吉岡 (2011: 10)
24) 吉岡 (2011: 10)
25) UNSCEARが科学で，ICRPは政策であるというディスコースは存在しているが，科学的専門家が中心となっていることは，ICRPが刊行している一連の勧告や他のよりアカデミックな出版物において，否定しがたいように思われる。
26) Knight (1921 (=2006): 19, 233)
27) 明治大学経済学研究会編では，原文のriskを危険と訳しているが，ここでは，リスクに変更してある。また，Knight (1921 (=2006)) に関しては，日本語訳は筆者によるもので，明治大学経済学研究会編と一致しない部分もある。示してあるページ数は，2006年の英語版による。
28) Knight (1921 (=2006): 232)
29) Knight (1921 (=2006): 19, 233)
30) Knight (1921 (=2006): 233)
31) Knight (1921 (=2006): 20)
32) Knight (1921 (=2006): 233)
33) Knight (1921 (=2006): 233)
34) Knight (1921 (=2006): 20)
35) Knight (1921 (=2006): 46-47)
36) WRR (2009: 98)
37) van Asselt (2010) ; Klinke and Renn (2002) ; Dreyer et al. (2007)
38) 山口 (2011)
39) IRGC (2005; 2008)
40) Jaffe and Stavins (2007)
41) Krupnick et al. (2006)
42) Krupnick et al. (2006: 17)
43) Kuhn (1968)

44) 実際，電離放射能のリスク評価における科学者間の意見の相違に関して，パラダイムの観点から分析しているものに，Romerio (2002) がある。
45) Krupnick *et al.* (2006: 20)
46) Krüger *et al.* (1987)；Hacking (1990)
47) Althaus (2005)；Zinn (2008)；WRR (2009)
48) Beck (1986)
49) Douglas (1992: 11)，筆者の訳出。
50) Douglas (1992: 44)，筆者の訳出。
51) Douglas (1992: 79)，筆者の訳出。
52) Gordon (1991)；Burchell *et al.* eds. (1991)
53) Foucault (1991: 92)
54) Foucault (1991: 92)，筆者の訳出。
55) Hook (2010)
56) ルーマンも「決定」とリスクの関連を論じて（小松 2003: 37-38），例えば以下のように述べている。「それは次のことを通じて簡単に危険をリスクへと転換する。即ち，それが今までは与えられてこなかった決定可能性を与えることによってである。もし傘が存在するならば，人はもはやリスクなしで生きることはできない。人が雨に濡れるという危険は，もしその人が傘を持っていかなかった場合，その人が受け入れるリスクとなる」(Luhmann (1993: 328))。これは，2012年10月のリスクプロジェクト研究会（北海道大学）で，川端健嗣氏によって指摘された箇所である。ドイツ語からの上記訳出も川端氏による。
57) Beck (2007: 95)
58) Beck (1986=1998: 378)
59) Beck (1997=2005: 17)
60) Adler and Haas (1992)
61) Berger and Luckmann (1967)
62) Beck (2007: 90)
63) Beck (2007)
64) 濱田 (2005)；ICRP (2007)；佐々木 (2007a)
65) 佐々木 (2008)
66) これらの勧告のなかには，承認時期と発行年が年をまたがっているものがあるが，ここでは承認時期をもって記載している。
67) Wrixon (2008)
68) ICRP (2007: iv)
69) 佐々木 (2008)
70) ICRP (2007: (17))。ICRP勧告 (1990；2007) の英語版・日本語版双方で引用箇所を明確にすることが可能なため，使用できる箇所では，ページ番号ではなくパラグラフの番号を（ ）で示すこととする。

71）ICRP（2007: iv）
72）沼宮内（1998）
73）佐々木（2007b）; Wrixon（2008）
74）佐々木（2007b）
75）Clarke（2005）
76）佐々木（2007a）
77）Wrixon（2008）
78）佐々木（2007c）
79）ICRP（2007:（26））
80）ICRP（2007:（27））
81）澤田（2012）; Gofman（1981: 37-47）
82）ECRR勧告（2010=2010: 140-141）に生物学的観点からのより詳しい記述がある。それによると，電離放射線による人体損傷は，次の5種類のことから引き起こされる。
　　① DNAなどの重要な分子の直接的電離。
　　② フリーラディカルや移動性溶媒によるイオン形成を通じた，DNAなどの重要な分子の間接的破壊や変質。
　　③ 原子番号の大きい汚染物質によって，自然バックグラウンドや医療用のガンマ線，X線等の光子放射線の吸収が増強され，2次光電子放出を通した電離作用の促進。
　　④ 化学結合や水素結合を担っていた放射性同位元素の核壊変による元素転換を通じての，重要な分子の直接的破壊や変質。
　　⑤ エピジェネティック機構による細胞間の信号処理過程の変化をもたらす遺伝子機能変化を通じての，細胞遺伝子の間接的な変質。
83）ICRP（2007:（114））
84）Wrixon（2008）
85）例えば2007年勧告（日本語版）では，31ページに具体的な数値の表がある。
86）濱田（2005）
87）ICRP（2007:（3））
88）ICRP（2007:（B241））
89）ECRR（2010=2010: 90）
90）ECRR（2010=2010: 91, 102）
91）澤田（2012: 37）
92）ECRR（2010: 95）
93）ECRR（2010: 143）
94）第2節でみたクルップニックらの「モデルに関する不確実性」とも考えられる。このような学問からのパラダイムの違いが，どのように「科学的評価」に影響するかというこの点はさらに探求すべき点であるが，本章の範囲を超えており，ここで

は簡単な指摘に留めざるをえない。注44）も参照。
95) ICRP（2007:（B243））
96) ICRP（2007:（B244））
97) ICRP（2007:（B244））
98) ECRR（2010=2010: 95）
99) ICRP（2007:（B244））
100) Krupnick *et al.*（2006）
101) ICRP（2007:（163））
102) ICRP（2007:（165））
103) ICRP（2007:（165））
104) ICRP（2007:（B249））
105) ICRP（2007:（39））
106) ICRP（2007:（B251））
107) ICRP（2007:（166））
108) ICRP（2007:（166））
109) ICRP（2007:（166））
110) ICRP（2007:（166））
111) ECRR（2010=2010: 90）
112) 関連して第1章および第5章も参照のこと。
113) ICRP（2007:（B249））
114) ICRP（2007:（166））
115) 澤田（2012）
116) このように書くことは，ICRPに関わる個々の研究者への非難を意味しないことは，歴然としている。本文が扱っていることは，構造的な，ある種，否応なく生じている政治性である。
117) ICRP（2007:（B251））
118) ICRP（2007:（167））
119) ICRP（2007:（B251））
120) ICRP（2007:（B251））
121) ICRP（2007:（B252））
122) ICRP（2007:（B252））
123) ICRP（2007:（B252））
124) 第5章参照。
125) 本章では，ICRPの勧告を中心的に扱ったが，上で検討した不確実性は必ずしも，ICRPの分析に特有なものではない。現在の放射線防護に関する科学一般に多かれ少なかれ認められる不確実性であるともいえる。ICRPはこの不確実性に対して一定の反応をしているがそれが取りざたされるのは，ICRPという機関がもつ社会的権力のゆえである。もちろん，どのようなデータを扱い，どのように評価判定する

かという点において，ECRRをはじめとして様々な立場の倫理と論理が存在し，また幾つかの側面において，それらはより良い科学的知見と判断をもたらしているように思える。しかし，むろんECRRとて不確実性から無縁ではない。

126) Beck (1986)
127) ICRP (1990: (15))
128) ただし，原発事故の場合など，高濃度の放射線に関しては，金属臭などがする場合もある。
129) 第4節でも若干触れたように，ECRRやACSIRからデータや理論モデルに関して批判が出ていることはそれにもかかわらず事実である。ECRR (2010: 23) は2007年勧告で引用されている286の文献のうち，90はICRP自身の報告書であり，査読されている120の論文にしても主にリスク機関が書いたものであると論じている。またチェルノブイリ原発事故，原子力施設周辺の小児白血病，ウラン弾の影響などについての文献が引用されていないとしている。
130) Beck (1986=1998: 320)
131) Beck (1986) の用語で，再帰的科学と対比される。
132) Beck (1986=1998: 361)
133) Kuhn (1977)；古川 (2001)
134) Beck (1986=1998: 320)
135) Beck (1986=1998: 320)
136) Beck (1986=1998: 320)
137) Beck (1986=1998: 319-320)
138) Beck (1986=1998: 317-318)
139) Beck (1986=1998) の日本語訳のなかでは，「自己内省的な科学」という訳語が使われているが，ここでは，「再帰的科学」の語を使う。
140) Chapman (2007)
141) 松本 (2009: 79)
142) 松本 (2009: 92)
143) Beck (1986=1998: 318)
144) Latour (1993=2008)
145) ICRP (1990: (15))
146) Beck (1986=1998: 372)

参考文献

Alder, Emanuel and M. Haas Peter, 1982, "Conclusion: Epistemic Communities, World Order, and the Creation of a Reflective Research Program," *International Organization*, 46: 367-390.

Althaus, Catherine, E, 2005, "A Disciplinary Perspective on the Epistemological Status of Risk," *Risk Analysis*, 25 (3): 567-588.

Beck, Ulrich, 1986, *Risikogesellschaft: Auf dem Weg in eine andere Moderne*, Suhrkamp Verlag.（＝1998，東廉・伊藤美登里訳『危険社会——新しい近代への道』法政大学出版局）

——，1997，*Was ist Globalisierung?*, Suhrkamp.（＝2005，木前利秋・中村健吾監訳『グローバル化の社会学——グローバリズムの誤謬・グローバル化への応答』国文社）

——，2007，*World at Risk*, Polity Press.

Berger, L. Peter and Thomas Luckmann, 1967, *The Social Construction of Reality — A Treatise in the Sociology of Knowledge*, Anchor Books.（＝1977，山口節郎訳『日常世界の構成』新曜社，2003『現実の社会的構成』新曜社）

Brooks, Harvey, 1972, "Correspondence — Science and Trans-Science," *Minerva*, 484-486.

Burchell, Graham, Colin Gordon and Peter Miller eds., 1991, *The Foucault Effect*, University of Chicago Press.

Chapman, Anne, 2007, *Democratizing Technology: Risk, Responsibility and the Regulation of Chemicals*, Routledge.

Clarke, Roger, 2005, "21st Century Challenges in Radiation Protection and Shielding: Draft 2005 Recommendations of ICRP," *Radiation Protection Dosimetry*, 115 (1-4): 10-15.

Commission on Global Governance, 1995, *Our Global Neighborhood: The Report of the Commission on Global Governance*, Oxford University Press.（＝1995，京都フォーラム監訳・編『地球リーダーシップ——新しい世界秩序をめざして——グローバル・ガバナンス委員会報告書』日本放送出版協会）

Douglas, Mary, 1992, *Risk and Blame: Essays in Cultural Theory*, Routledge.

ECRR, 2010, *ECRR 2010 Recommendations of the ECRR: The Health Effects of Exposure to Low Doses of Ionizing Radiation*, Green Audit Books.（＝2010，山内知也監訳『放射線被ばくによる健康影響とリスク評価——欧州放射線リスク委員会（ECRR）2010年勧告』明石書店）

Einhorn, H. J. and R. M. Hogarth, 1986, "Ambiguity and Uncertainty in Probabilistic Inference," *Psychological Review*, 92: 433-461.

Falkner, Robert and Niko Jaspers, 2012, "Regulating Nanotechnologies: Risk, Uncertainty and the Global Governance Gap," *Global Environmental Politics*, 12 (1).

Foucault, Michel, 1991, "Governmentality," Graham Burchell, Colin Gordon and Peter Miller eds., *The Foucault Effect*, University of Chicago Press, 87-104.

古川安，［1989］2001，『科学の社会史——ルネサンスから20世紀まで』南窓社。

Gofman, John W. [1981] 1983, *Radiation and Human Health*, Pantheon.（＝[1991] 2011，伊藤昭好他訳『人間と放射線——医療用X線から原発まで』明石書店）

Gordon, Colin, 1991, "Governmental Rationality: An Introduction," Graham Burchell,

Colin Gordon and Peter Miller eds., *The Foucault Effect*, The University of Chicago Press, 1-52.

Hacking, Ian, 1990, *The Taming of Chance*, Cambridge University Press.（=［1999］2008，石原秀樹・重田園江訳『偶然を飼いならす——統計学と第二次科学革命』木鐸社）

濱田達二，2005，「ICRP——外から見たその50年」『Isotope News』日本アイトソープ協会，(5)：9-13。

Held, David, 2004, *Global Covenant: The Social Democratic Alternative to the Washington Consensus*, Polity Press.（=2005，中谷義和・柳原克行訳『グローバル社会民主制の展望——経済・政治・法のフロンティア』日本経済評論社）

——, 2010, *Cosmopolitanism: Ideals and Realities*: Polity press.（=2011，中谷義和訳『コスモポリタニズム——民主政の再構築』法律文化社）

Held, David ed., 2000, *A Globalizing World? Culture, Economics, Politics*, Routledge.（=2006，中谷義和監訳『グローバル化とは何か』法律文化社）

Held, David and McGrew Anthony, 2002, *Globalization/Anti-Globalization*, Polity Press.（=2003，中谷義和・柳原克行訳『グローバル化と反グローバル化』日本経済評論社）

Held, David, McGrew Anthony, Goldblatt David and Perraton Jonathan, 1999, *Global Transformations*, Polity Press.（=2006，古城利明他訳『グローバル・トランスフォーメーションズ』中央大学出版部）

Heyvaert, Veerle, 2009, "Globalizing Regulation: Reaching beyond the Borders of Chemical Safety," *Journal of Law and Society*, 36 (1): 110-128.

Hook, Glenn D., 2010, "Introduction Risk and Security in Japan: From the International to the Societal," *Japan Forum*, 22: 1-2, 139-148.

一ノ瀬正樹・伊東乾・影浦峡・児玉龍彦・島薗進・中川恵一，2012，『低線量被曝のモラル』河出書房新社。

ICRP, 1991, "1990 Recommendations of the International Commission on Radiological Protection," *Annals of the ICRP: ICRP Publication 60*, 21/1-3, Elsevier.（=1991，日本アイソトープ協会訳『国際放射線防護委員会の1990年勧告（ICRP Publication）』日本アイソトープ協会）

——, 2007, "2007 Recommendations of the International Commission on Radiological Protection," *Annals of the ICRP: ICRP Publication 103*, 37, Elsevier.（=2007，日本アイソトープ協会訳『国際放射線防護委員会の2007年勧告（ICRP Publication）』日本アイソトープ協会）

IRGC, 2005, *White Paper in Risk Governance: Towards an Integrative Approach*, Geneva.

——, 2008, *An introduction to the IRGC Risk Governance Framework*, Geneva.

Jaffe, Jubson and Robert N. Stavins, 2007, "On the Value of Formal Assessment of

Uncertainty in Regulatory Analysis," *Regulation and Governance*, 1: 154-171.

Knight, H. Frank, [1921] 2006, *Risk, Uncertainty and Profit*, Houghtion Mifflin.（＝[1959] 1966，明治大学経済学研究会編，奥隅栄喜訳『危険，不確実性および利潤』文雅堂書店）

小林誠・遠藤誠治編，2000，『グローバル・ポリティクス――世界の再構造化と新しい政治学』有信堂高文社．

小松丈晃，2003，『リスク論のルーマン』勁草書房．

Krüger, Lorenz, Lorraine J. Daston and Michael Heidelberger, 1987, *The Probabilistic Revolution*, MIT Press.（＝1991，近昭夫訳『確率革命――社会認識と確率』梓出版社）

Krupnick *et al.*, 2006, *Not a Sure Thing: Making Regulatory Choices under Uncertainty*, Resources For the Future.

Kuhn, Thomas S, [1962] 1968, *The Structure of Scientific Revolutions*, University of Chicago Press.（＝1971，中山茂訳『科学革命の構造』みすず書房）

――，1977, *TheEssental Tension: Selected Studies in Scientific Tradition and Change*, University of Chicago Press.（＝1988，我孫子誠也・佐野正博訳『科学革命における本質的緊張――トーマス・クーン論文集』みすず書房）

Latour, Bruno, 1987, *Science in Action: How to Follow Scientists and Endinneers through Society*, Harvard University Press.（＝[1999] 2009，川﨑勝・高田紀代志訳『科学が作られているとき――人類学的考察』産業図書）

――，1993, *We Have Never Been Modern*, Catherine Porter trans., Harvard University Press.（＝2008，川村久美子訳『虚構の「近代」――科学人類は警告する』新評論）

Luard, Evan 1990, *The Globalization of Politics: The Changed Focus of Political Action in the Modern World*, Macmillan.（＝1992，大六野耕作訳『グローバルポリティクス』人間の科学社）

Luhman, Niklas, 1993, "Die Moral des Risikos und das Risiko der Moral," Gottard Beckmann (Hg.), *Risiko und Gesellschaft*, Westdeutscher Verlag: 327-338.

松本三和夫，2009，『テクノサイエンス・リスクと社会学――科学社会学の新たな展開』東京大学出版会．

Renn, Ortwin, 1995, "Style of Using Scientific Expertise: A Comparative Framework," *Science and Public Policy*, 22 (3): 147-156.

Romerio, Franco, 2002, "Which Paradigm for Managing the Risk of Ionizing Radiation?," *Risk Analysis*, 22 (1): 59-66.

佐々木康人，2007a，「ICRPの活動と新勧告案の進捗状況」『Isotope News』日本アイソトープ協会，(3): 12-15．

――，2007b，「ICRP新勧告作成の経緯と主要な論点――1.改訂始動時の考え方」『Isotope News』日本アイソトープ協会，(9): 14-16．

──，2007c，「ICRP新勧告作成の経緯と主要な論点──2.新勧告の目的」『Isotope News』日本アイソトープ協会，(10): 14-17。
──，2008，「ICRP新勧告作成の経緯と主要な論点──7.環境の放射線防護」『Isotope News』日本アイソトープ協会，(5): 22-24。
澤田昭二，2012，「放射線による内部被曝研究の現段階」市民と科学者の内部被曝問題研究会編『内部被曝からいのちを守る──なぜいま内部被曝問題研究会を結成したのか』旬報社，30-46。
Shapin, Steven and Simon Schaffer, 1985, *Leviathan and the Air-Pump: Hobbes, Boyle, and the Experimental Life*, Princeton University.
van Asselt, Marjolein, 2010, *Perspectives on Uncertainty and Risk: The PRIMA Approach to Decision Support*, Kluwer Academic Publishers.
Weinberg, Alvin M., 1972, "Science and Trans-Science," *Minerva*, X, (2): 209-222.
Wrixon, D. A., 2008, "New Recommendations from the International Commission on Radiological Protection — a Review," *Physics in Medicine and Biology*, Vol. 53: 41-60.
WRR, 2009, *Uncertain Safety: Allocating Responsibilities for Safety*, Amsterdam University Press.
山口治子，2011，「リスクアナリシスで使用される「不確実性」概念の再整理」『日本リスク研究学会誌』21 (2): 101-113。
米本昌平，[1994] 2004，『地球環境問題とは何か』岩波新書。
吉岡斉，2011，『原子力の社会史──その日本的展開』朝日出版社。
Zinn, Jens, 2008, "Introduction: The Contribution of Society to the Discourse on Risk and Uncertainty," Jens Zinn ed., *Social Theories of Risk and Uncertainty: An Introduction*, Blackwell, 1-17.

第3章
リスクの再調整と日本国民の統治
国境を越えることと国家の役割

グレン・D・フック（長島美織訳）

1 はじめに

　本章[1]の核となる議論は，以下の通りである。日本政府がアメリカの「対テロ戦争」[2]を支持しているという文脈において，国民を統治するという国家の役割は，日本内外においてますます明示的になっている。このことは，国家が喧伝する「自己責任」の枠組みに沿って，日本国民がリスクを背負うよう求められていることにみて取れる。海外渡航にまつわるリスクに関して，外務省は国民にアドバイスと警告を与えているが，これは，グローバル化の進展と影響が顕著になるなか，国民が海外でのリスクにより責任をもって対処できるように，そして，国家ではなく，自分自身を頼る自律性のある存在として，自分自身のリスク管理を遂行できるように国民を統治するという目的をもっている。

　より具体的には，本章の中心には，以下の問いかけがある。日本国民が，国境を越えて他の国家や領土に踏み込むとき，国民のリスクへの対応の仕方を，国家はどのような規範的枠組みで規定するのであろうか。この点を解明するために，海外渡航に関わるリスクについての外務省のアドバイスと警告を検分し，外務省によるリスクの再調整が，いかに日本国民の統治と重なり合ってくるかを探求する。焦点は，旅行者の意思に基づいた日本からの出国と，いわゆる「リスクの高い」海外の目的地への法的入国が，どのように規制されているかである。渡航に関するアドバイスと警告の一般的な規制作用について[3]，およびテロリズムの脅威が，日本内外のリスクに関する国家の関心をどれほど高めたかについて探求した先行研究に対して[4]，ここではむしろ，リスクの再調整のより広いプロセスの一部として自己責任の規範を広めるという，外務省の役割を分析することに立ち返る。他の論文で検討したように[5]，自己責任とリスクについての議論は，自民党の小泉純一郎首相の時代に出現したが，リスクの規範を広めようとする外務省の役割は，当時と同様，民主党政権下でも維持され，また，その後の自民党政権下でも維持されており，どの政党が政権をもつかにかかわらず，外務省の規制作用が継続していることを示している。

　外務省の渡航のアドバイスと警告は，「自己責任」を取るという規範的枠組

み内で，海外で直面するリスク管理により責任をもつよう，国民を誘導する規制のメカニズムとして作動するのである．ある特定の行動様式を促進するための規範を広めることによって，国家は，日本内外において国民がどのように統治されるかを示しながら，国民を統治する上での規制の道具としてリスクを使用している．これが，本章の終わりにおいて立ち返る点である．

2 リスクを（再）調整すること

　国民は一連のリスクにさらされている．これらのリスクは，様々な項目で考えられる．例えば，その由来（自然／人為），結果（危害／利益），内的（国境内で発生するリスク）と外的（国境外で発生するリスク），加えて，リスクの中間的な媒介主体（intermediary agents，国家，市場，社会など）がそれらを（再）調整するプロセスにおける責任の所在といった観点が挙げられる．本章ではリスクを，テロリストにとらわれた際の死のリスクから，パスポートを失くすような（軽微な）リスクまでの，損害の連続体とみなす．リスクは，人為的または自然に引き起こされ，国家，市場，社会において競合する（再）調整のプロセスを経て生じる結果である．後で触れるように，リスクへの市場の反応といった，ある特定の方法でリスクを（再）調整することの利点は無視されるべきではないが，ここでの焦点は，潜在的危害としてのリスクを中心としたものに留まる．

　特に2001年9月11日のアメリカへの攻撃の後，海外に渡航あるいは居住する日本国民が直面するリスクに注目が向けられていたが，テロリストによる攻撃のリスクだけが外務省の懸念ではない．『外交フォーラム』誌の2006年4月号の記事は，外務省官僚が，外的リスクについてどのように考えているかをよく表している．

　そのなかで，外務省の海外邦人安全課長齋藤法雄は，日本国民が海外に渡航あるいは居住する際に直面するリスクの例を挙げている[6]．齋藤は，日本国民が国を離れる際に直面するリスクを，2000年以降の例を挙げて詳細に説明している．それらは，インド洋の津波，ハリケーン・カテリーナ，鳥インフルエンザのような自然のリスク，そして，ロンドンの地下鉄や，バリの観光客に対す

るテロリスト攻撃,中国の日本大使館と日本企業に対する暴力的抗議,そしてデンマークにおける預言者モハメッドの漫画への抗議デモなどの人為的リスクである[7]。このように日本国民は,日本の国境を越える際に起こりうるリスクと潜在的危害に関して警戒することが求められている。

しかしながら,これらのリスクが引き起こす危害に対応する責任の所在はどこにあるのであろうか。これは,どのようにリスクが調整されているかによる。ここで「調整」という言葉が意味するのは,国家,市場,社会を媒介として,別々のしかし相互に関係し競合する以下の4つのプロセスであるが,本章の焦点はあくまでも国家である。

まず第1に,国家はリスクを明確に規定する役割を果たす。つまり,社会的構築物としてのリスクを明示的に公表したり,不明瞭のまま背後に押しやったりする役割をもっている。ときとして国家は,国内市場や社会または外国からの媒介主体の助けの下,何かを明示的に公表し,あるリスクをリスクとして受け入れる環境を創出する。またあるときは,市場や社会が何かをリスクとして明確化するにもかかわらず,国家は,それをリスクとして認識することを拒否したりうやむやにしたり無視したりする。このようにリスクを明示的に公表することは,その危害と利益の拡散と配置をめぐる,国家,市場,社会的母体を巻き込んだ,規範的に競合する政治的プロセスである。

第2に,リスクの境界はある特定の言説を通して可視化されるが,主に国家がリスクの再調整を行う上で果たす役割を反映して,設定される。境界の設定もまた,競合する政治的プロセスであり,様々な媒介主体が,リスクの原因と結果に対して責任を取る範囲を規定しようとするものである。こういったプロセスにおいて日本政府は法を制定することによりリスクの境界を設定し,規則と規範を創出するために外部からの正当化を求めるかもしれない。市場と社会もまた,どのようにリスクの境界が設定されるかに影響を及ぼそうとするであろう。

第3に,リスクの国家基準は,歴史的偶発性の下,ある特定の言説を援用しつつ人々がリスクにさらされるレベルを決定する。リスク基準の確立もまた,競合する政治的プロセスであるが,特にグローバル化という状況下では,これ

らの基準は国内外から生じ，国内外での結果をもたらす[8]。これは国家基準の設定において，国家がある特定の外部リスク基準を参照するかもしれないことを意味する。法的規則に基づくにしろ規範に基づくにしろ，それは，市場や社会が提出するリスクの国内的基準と衝突したり，矛盾を引き起こしたりするかもしれない。いい換えれば，国家の立法力と官僚的力によるリスクの国家基準は，ある特定のリスクの基準を確立するための内外の圧力からなる複雑な合成物として帰結する。

　最後に国家は，確立された基準に従って，リスク管理，（再）調整，配置，そして危害と利益の配分を制度化することを通して，リスクを規制する。規則は，制度化のプロセスにおいて，リスクがどのように明確化され，どんな境界が設定され，どんな基準が確立されたかに従う。ゆえにリスクの規制は，本質的にその国の国民がどのようにリスクに対応するかを統治するプロセスの一部とみなすことができるのである。

3　国境を越えることとリスク

　先進民主国家は，現在において，国民が自国を離れ領土境界を越えて他の国家の領土や領域に入る権利に対する制約を，ほとんど課していない。例えば，日本国民のパスポートには，外務省により「日本国民である本旅券の所持人を通路故障なく旅行させ，かつ，同人に必要な保護扶助を与えられるよう，関係の諸官に要請する」と記載されている。規制はしたがって限定的である。このような規制が問題となるのは，領有権係争中の北方領土を構成する日本国民が訪ねる場合などである。祖先の墓に敬意を表することを望んでいる昔の島民が島へ渡る際にはパスポートを使うことが許されていない。ロシア（それ以前ならソビエト連邦）発行のビザを使用すれば，日本国民が自らの境界を越えて他の国家や領土に入るということを暗示し，それは，北方領土の島々に対する日本政府による領土主権の主張を脆弱化するからである[9]。このような例外的な規制は別として，日本国民は国外へ旅行する自由があり，憲法第22条において外国への移住も保障されている。もちろん最も一般的には，日本国民は観光客とし

て渡航するが，仕事や移住も含めて，その数は2000年代において毎年1600万から1700万人である。2011年には1700万人の日本人が海外へ渡航した。[10] さらに現在では多くの日本人が海外に居住しており，1990年には62万174人であったのが，2012年では124万9577人に増加しており，それだけ，国民が海外におけるリスクへのアドバイスを外務省に仰ぐ可能性も増している。[11]

国境を越え日本を出国することに対して規制がほとんどないという状況の一方で，短期滞在入国や長期滞在の居住許可のためのビザを要求する国や領土もある。また現行の対テロリズム戦争の影響下でますますそうなっているのだが，国家の代わりに航空会社やその他の代理者が，海外の目的地への渡航を許可する前にセキュリティ・チェックを代行している。[12] 外務省のパンフレット『虎の巻』に記されているアドバイスと警告は，「日本は世界で最も安全な国である」[13] ということを前提としている。

このように，外務省の渡航警告システムは，安全な日本の外の，リスクの高い世界に向けて，日本人に心構えをさせている。このシステムは，小泉政権下，2001年9月のアメリカでの攻撃の直後に改訂されている。2002年4月25日までの間は，外務省は，国民にアドバイスと警告を与えるための基本として5段階のリスク評価を提供している。その第1段階は注意喚起，第2段階は渡航延期の考慮，第3段階は渡航の延期，第4段階は家族などの退避，そして第5段階は退避，である。2002年4月26日以来，外務省は，リスクの数値段階を提示することはしていないが，代わりに以下のような6段階の言葉による勧奨を提供している。それは，「十分注意してください」，「渡航の是非を検討してください」，「渡航の延期をお勧めします」，「渡航を自制してください」，「退避の可能性も検討してください」，そして「退避を勧告します」である。[14]

外務省は，定期的に更新されるウェブサイトやパンフレット，そして21本のビデオで，海外旅行に伴うリスクに関するアドバイスと警告を供給している。1990年から作成されているビデオは，個人と企業を対象にしている。[15] これらは，パスポートの紛失，疾病，飛行機に乗り遅れることなどの比較的小さなリスクから，犯罪，誘拐，テロリズムなどのより深刻なリスクに至るまでを範囲に入れている。そのなかのあるビデオは個人向けで，「自分で守る自分の安全」

と題されており，警戒を怠らず，自分の安全に責任をもつことを強調している。またあるビデオは，若者を対象として，「なぜ君が狙われるのか？」と題し，犯罪を強調し，薬物を飲まされたり，強盗にあったり，騙されて薬物の運び屋になったり，いかがわしいバーで金を巻き上げられたり，スリにあったりしないように警告している。特に，若い女性が騙されて外国人から薬物の入った飲み物を飲まされ，物を盗まれたり，ナイーブな若い男性が外国人女性から荷物を託され，警察に質問されて初めて薬物の運び屋になったことを知るような事態を，ビデオは警告している。

　年長者もまた，外国へ旅行することでリスクに遭遇する。シルバー世代のために，外務省は，「熟年旅行者のための安全な海外旅行」と題したビデオを用意し，パック旅行で強行スケジュールになりすぎないことや，親切を装った不心得な外国人を信用しすぎないように忠告している。さらに，鳥インフルエンザの発生に対応したビデオが示すように，外務省は国民が海外で遭遇する可能性のある，新しいリスクについて，最新の情報を提供するように努めている。

　テロリストや拉致の標的となるような企業人にとってのリスクは，外務省がことさらに懸念することの1つである。例えばあるパンフレットは，質疑応答の形を用いて，自爆テロリストに遭遇した場合の対処の仕方を説明している。別のパンフレットでは，日本国民は海外での拉致のリスクをいつも認識する必要があると説かれている。[16] この背景には，生産施設の海外への移転とグローバル化する経済様式により，日本企業の被雇用者が拉致や他の形でのテロリズムなどに遭遇するリスクがますます増加していることがある。ビデオは，被雇用者が拉致された場合，どのように，最寄りの日本大使館や外務省機関と密接に連絡を取り，その国の政府と協力体制を作り，法執行力のある適切な機関との連絡を取るかなど詳細に解説している。また拉致の際に国によっては，身代金を支払ったり，現地の警察に通知しないと，その国の法に触れることがあることも警告している。

　加えて外務省は，特定の国々や特定の領域におけるリスクに関しても，最新の情報を定期的に提供している。アフガニスタンの例にみられるように，状況にもよるが，リスクがある場合はウェブ上で常に更新が行われる。例えば，

2011年6月14日には，アフガニスタンの一部における攻撃の詳細が伝えられ，2011年4月11日に出された警告に従って，その国を訪問するどんな予定も延期するようにという強い警告が出されている[17]。

北朝鮮に関しては，ウェブサイトでかなり以前に出された警告が未だに有効である[18]。例えば2012年1月27日には，北朝鮮に関して2006年10月13日に掲載された情報は，未だ有効であるとされている。それは(同年)10月9日に行われた核実験のため，「(北朝鮮への)渡航は自粛すべし」というものである。これは2002年の警告を踏襲したもので，日本政府は，北朝鮮に大使館などの公的代表機関を置いておらず，パスポートの紛失等の場合にも外務省は処置に当たれないため，国民はその訪問について適切な注意を払う必要がある，としている。この警告のレベルは，2006年6月5日にリスク要素が「渡航を自粛すべし」の段階に上がるまで，3か月ごとに更新されており，北朝鮮の弾道ミサイル打ち上げ疑惑に対応したものであった。この勧奨は，ミサイル打ち上げテストが「国家の安全に対する脅威を高めるものであること」，日本人拉致問題解決に北朝鮮が真摯に取り組んでいないこと，そして北朝鮮の打ち上げテストに対し国連と国際社会において批判的な反応があることなどの文脈において継続されている。これらの理由により，2006年10月13日，内閣は，北朝鮮に対し厳格な手段を取ることを決定した。

カンボジアのプノンペンやシャム・リアップ(アンコール・ワット)といったように，国全体というよりも，国のある地域のリスクが強調されているケースもある。これらの地域では，日本国民は，適切な注意を払い，特にスリに対して注意するようにアドバイスされている[19]。またマダガスカルに関しては，そこを訪れる日本国民に対して，自分の身を守るための具体的な警告が出されている。それは，(1)抗議集会やデモが行われる場所には行かない，(2)市場や催しに出かけるときは，身の周りに十分注意を払い，装身具や貴重品は身につけないようにするなど，スリや財布のひったくりに警戒すること，(3)日没後，1人で出歩かないこと，(4)パスポートや他の身分証明を常に携帯すること，である[20]。

しかし，テロ攻撃のような潜在的リスクがはっきりあるにもかかわらず，渡航への警告が出されていない場合もある。例えばアメリカを例に取ると，ツイ

ンタワーへの攻撃で，日本人の生命が失われたという事実にもかかわらず，渡航についての警告は発せられていない。これは，イギリスの外務および英連邦省が取った立場と同様のものであり，渡航警告において同盟国がどのように異なる扱いを受けるかを示している[21]。このような違いがあるにせよ，日本国民は，通常，日本の国境外で遭遇するリスクを警告されている。

　しかしながら，日本国民は，未だに海外で様々な困難を経験している。2007年2月に実施された外務省の調べによると，回答者の14.8％は海外で何らかのトラブルを経験している[22]。国民が海外で巻き込まれた事件で，日本大使館または領事館に報告されたものについての外務省統計は，海外で数千人規模の日本人が被害を受けていることを示している。2012年に発表された最新の数字は，2万378人の対象者（日本人）が，1万8219件の事件，事故などに巻き込まれたことを明らかにしている[23]。これら1年間に計上された数字はおおむね旅行者が海外で経験する一般的な被害を意味するが，過去約10年間の統計のなかには，日本国民が経験した深刻な被害も含まれている。インドネシア，アメリカ，イラクなどにおいて，故意の爆破，誘拐，武力による攻撃などにより，日本人が怪我をしたり，死亡している。例えば，2001年のニューヨーク，ツインタワーの攻撃では25人の邦人が死亡しているし，2002年のバリ島ディスコ爆破では2人が亡くなり，13人が負傷した。また，2003年にはイラクで，2人の日本人外交官がティクリート付近で武装勢力に襲われて死亡，また，国連で働いていた日本人が死亡している。さらに，2004年にはイラクのアル・マフムディアで，日本人ジャーナリストが2人，2010年にはタイで1人が，殺害されている。

　日本国パスポートの文言が暗示している通り，誘拐など「必要な」場合には，日本の外務省や諸機関（例えば日本の大使館の出向機関としての警察庁など）は，まず現地当局が保護援助を提供することに依存している。これは，外国籍を含む，その国の人口全体を援助し守る第一義的責任が，現地の政府にあることを意味するが，この点はしばしば誤解されている。外務省の齋藤法雄によれば，日本政府の役割は，渡航先の政府の努力を「補完」して，日本国民を援助するということになる[24]。したがって，「海外で困ったら　大使館・総領事館のできるこ

と」というパンフレットが明確にするように，日本人は，日本にいるときと同様の待遇を海外で期待することはできない。「在外公館（大使館および領事館）の体制，権限等の制約もあるため，在外公館ができることにはおのずと限界があります。問題解決のためには，皆様自身の努力も必要」だからである[25]。

在外公館のスタッフ数が限られていることを考慮すると，渡航のアドバイスと警告の目的の1つは，大使館と領事館のスタッフが扱う事案を削減することでもある。実際外務省の見解は，多くの事件における責任の所在の，少なくとも一部は個人にあると示している。2004年2月に発行された外務省の「海外邦人事件簿」Vol. 01は，次の点を強調している。「大半のケースは当事者にもそれなりの原因があるものです。いい換えれば，トラブルにあうのも，トラブルを避けるのも，本人の行動，心がけ次第とも言えるのです」[26]。

自律性をもち有能なリスク管理者としての個人の役割の，こういった強調は，2002年4月に外務省が渡航のアドバイスと警告システムの最新版を発行したときに，ことさら顕著となった。外務報道官は，「この新システムの趣旨は，より大きな・義・務・を・旅・行・者・に・課・す・ことである」と宣言した[27]。そして，この個人の義務ということの意味は，新システムに関する記者の質問に対する答えのなかで明らかになるように，外務省がどのように渡航のアドバイスと警告を広めていくかに関連している。

　外務報道官：外務省は日本の報道機関に対し，新しい政策を正式に発表いたします。これはこの改革を広く知らしめるための1つの方法です。もちろん，外務省のホームページに掲載済みでございます。ですから，日本国民に情報として提供することにおいては，問題ないと考えます。
　記者：私が申し上げたのは，一般的に言って日本または海外にいる日本人は，いったいどのように最新の渡航アドバイスのシステムを知ることができるのか，という点です。
　外務報道官：すでに申し上げましたように，これは外務省のホームページに掲載されます。
　記者：（インターネットに）アクセスのない人々については？

外務報道官：そのような方々のためには，新聞で報道されます。他にどのような方法で，この情報を広めることができるでしょうか。今やグローバル化した世界なのです。ですから，この新政策は人々に問題なく知られるようになるでしょう。

リスクを統制し再調整するという外務省の役割に関して，外務省のウェブページが「このサイトの使い方」として，次の3つの点[28]を強調していることにここで注意すべきである。

※このホームページに掲載する渡航情報は，海外に渡航・滞在される方々が自分自身で安全を確保していただくための参考情報です。
※法的な強制力をもって，皆様の渡航を禁止したり，退避を命令したりするものではありません。同様に旅行会社の主催する旅行を中止させる効力もありません。
※渡航前，滞在中は，常に「自分の身は自分で守る」との心構えをもって，安全対策に努めてください。

上で述べてきたリスクの再調整を軸にこの3点を読み直してみるならば，このサイトの渡航のアドバイスと警告は，日本国民が海外で遭遇するリスクを外務省が明示的に公表したものとみなすことができる。国内で通用しているリスク認識のみではなく，むしろ国家や国際機関を媒介したリスク解釈により，日本国民にとっての海外でのリスクが明確化されている。リスクをこのような様式で明確化するのは，他国に入る際に，日本国民にリスクを認識させるためであり，国民に損害や危害を与えるリスクを削減しようとしている外務省の努力を表している。「政府の最も重要な責任の1つは日本国民を守る」ことなので，外務省はここで国家を代表して行動しているのである[29]。

同時に，海外のリスクに関するアドバイスと警告を提供することによって，外務省は，リスクの境界を設定し，ある特定の表現様式でそれらを可視化している。いい換えれば，外務省は，国民が海外で遭遇するリスクの原因と結果に

関しては，法的規範に訴えることによって，その責任範囲を銘記し，外務省自身は国民に適切な注意を喚起したり，退避勧告を行うだけであり，これにより外務省自身の責任範囲をも限定しているのである。国民は，このようにして選択肢を与えられている。渡航に必要な情報を国家が設定した境界内で自ら選択する自由が与えられているが，国家の想定にはマダガスカルで犯罪の標的となるリスクはあっても，同盟国アメリカでテロリズムの標的となるリスクは含まれていない。

　外務省が提案したリスクの国家基準は，国民が海外でさらされるリスクのレベルを決定する。渡航のアドバイスと警告が出されている当該の国や地域にも，他国の国民は居住し働き，遊んでいるのだから，リスクの国家基準は日本国民にとってこそ適切な基準である。外務省からすれば，日本国民は「世界で最も安全な国の1つ」に住んでいるわけであり，日本の外にあるリスクは日本国内のそれよりも危険度が高いとみなされる。リスクの国家基準は，スリの被害から国外退避勧告により意味されるような肉体的損傷まで，日本国民がアドバイスと警告を必要とする範囲での基準なのである。

　最後に，外務省は，日本を出国して海外に渡航することを禁止したり，ある国からの退去を強制する法的な権限はもっていないことを宣言し，自らが確立した国家基準の配置とその対価の分配を通して，リスクを制御しようとしている。自分でリスクを管理できる自律性のある新しい国民を創出することにより，政府が担う対価を削減することを，そして，日本人が海外にいるときに大使館や領事館の介助を求める可能性を減らすことを，この基準によって達成しようとしている。しかしながら，渡航のアドバイスと警告にもかかわらず，もし国民が退避勧告の出ている国を訪ねようとするなら，遭遇するリスクに対応する責任の所在はどこにあるのだろうか。上で示した※付きの条項の最後の文章が示唆するように，リスクは，自分の身は自分で守るように告げられた個人に配置されることになる。ここにおいて，リスクと自己責任が結びつけられるのである。

4　リスクと責任

　小泉政権は，リスクに対する責任のバランスを，国家から市場や社会という他の媒介主体へ移す上で効果的に機能した。オデド・ローヘンハイーム（Oded Löwenheim）によりまとめられたように，個人の「責任化」は新自由主義国家の下，3つの主要な様式において実現される。(1)民営化またはコミュニティとの提携により，国家は管轄領域から撤退する，(2)個人が国家の社会保障手当を受ける必要条件として，仕事復帰プログラムに参加することを要請するといったことに例示されるように，「責任ある」行動を創出する，そして(3)個人の行動を導くために責任の範囲を規定し，「権威あるリスク情報」を供給する。渡航のアドバイスと警告は，3つ目の事柄をよく表している。外務省は，自分でリスクを警戒する行動を取るように個人を導くとともに，リスクを管理する責任をも移動させようと努めている。

　日本における個人の「責任」の範囲や性質に関する議論は，よく知られているように終戦直後の時期にまで遡ることができ，もちろん現代において新しいものでない。当時丸山眞男は，1946年5月の『世界』に掲載された「超国家主義の論理と心理」において，先の戦争での個人責任の問題を分析した。この論文は後に，彼の『現代政治の思想と行動』に収録されたが，ここで丸山は，戦時中すべての生活領域を貫通した国家の圧倒的な権力のために，私的および公的領域の双方は，天皇を中心とする日本的リバイアサンに組み敷かれてしまった，と論じた。この意味で，個人の目標と国家の目標は1つに合体し，戦争に対する自身の責任を引き受けることに対する個々人の無能さとして帰結した。

　丸山が明確化したことの心髄は，中根千枝，カレル・ヴァン・ウォルフレン（Karel van Wolferen），チャルマーズ・ジョンソン（Chalmers Johnson）らの著作に明らかなように，戦後においても幾度となく引きつがれている。ここから，個人の責任を背負うことに対する日本国民の側の，自覚された嫌悪とでもいうべき強力な意識が発生している。ある外務省官僚の発言は，この点をよく示している。外務省は，日本国民が自分自身を頼り，個人の責任を受け入れるので

はなく，国家に頼りすぎであるとみている。それは，他のG8諸国の国民よりもはなはだしく，日本の場合,「国民が国家に依存する程度は，極端である」というものである[36]。

そこで，外務省は国民を国家への極端な依存から引き離し，自己責任の意識を増強する目的で，この規範の拡散を行っている。外務省の谷崎泰明が，自己責任という言説の総括において明確にしているように，国民に対する自己責任を果たすことへの呼びかけは，2004年4月に始まった。このとき，イラクで拉致された3人の日本の若者は，大胆にも外務省の渡航のアドバイスと警告を無視して，自らを窮地に追い込んだとして酷評されていた[37]。谷崎は，自己責任についての討論がどんなに大規模に繰り広げられたかについて述べている。それは，自分自身の意思決定により海外の危険な場所に赴き，そこで危険に遭遇した場合は，その結果責任は自身が負うべきである，という見解に基づいた議論であった。しかし，これこそが問題である。自己責任論は，結果責任を単純に強調することで，推し進められるべきではない。それは，「危機管理」のような考え方，つまり，「私たちはどのように危険を制御できるか」という予防的な見解に基づくべきである。これを念頭に置きながら谷崎は，問題とされるべきなのは，「彼ら〔拉致された3人の若者〕は，どのくらいその危険な状況を知っていたか」，そして「彼らはどの程度，自分で自分を守ること〔の必要性〕を認識していたか」ということだと続ける。つまり，これが，「個人の危機管理」という責任である（そしてこの意味で「自己責任」である[38]）。

上の引用は，リスクを明示的に公表しようという外務省の試みが，リスクの境界の再銘記を意図しているということを，紛うことなく明確に示している。つまりその試みは，人質に取られるというようなリスクの結果責任ではなく，個々人が自身のリスク管理のために自己責任を全うするという方向へ向かっているのである。これが正に，外務省のウェブサイトにあるパンフレットやビデオ，そして他の手段を用いて伝えられた渡航のアドバイスと警告の目指すところである。個人的リスク管理を，外的リスクに対処するための新しい基準にし，個人によるリスク管理を制度化することを通して，リスクを統制することが可能になる。このプロセスは，国家に依存する「古い」国民ではなく，リスク管

理の高いスキルをもった「新しい」国民を創出することを目指している。

一方で，新自由主義的なグローバル化を歓迎することによって，日本の国家機能が縮小しているにもかかわらず，旅行業界のグローバル化が進み，大使館や領事館に頼る国民の数が上昇し続けている。他方，アメリカの対テロ戦争を日本政府が支持したことで，日本国民にとっての外なるリスクが深刻さを増してきている。これが，海外における日本国民の，リスクに対する態度の変革が必要であると，外務省が考える所以である。

イラクにおける日本人3人の人質に対する政府対応の逆説は，ここに明白である。つまり一方で，これら3人の若者は，イラクを訪れるという自身の行動の結果として，死の可能性というリスクを受け入れた。そして，日本人の個人責任の欠如に対する丸山らの議論の主要な点に関連して，自身の行動の責任を取る意思も備えていた。

他方，先に触れたように，外務省のリスク管理戦略により訓練されていたにもかかわらず，2人の日本人外交官がティクリート付近で武装勢力により殺害された。このことから明らかなように，リスク管理の戦略は，決して絶対確実なものではない。なぜなら，リスクを明示的に公表し，リスクに対処するための情報を配信し，高いリスク管理スキルをもつ「新しい」日本国民を創出しても，配されたリスクそのものを克服できるわけではないからである。いい換えれば，外務省の論議の核となっているのは，自己責任でもリスク管理でもない。むしろ，日本国民を統治する一手段としてリスクの規範を広めることにより，リスクの新しい基準を確立する過程において，自己責任とリスク管理の間のバランスを決定するという国家の役割である。

これが示唆するのは，国家はリスクについての言説を再調整する必要に迫られており，それは，結果責任から，予防することへ移っているということである。これは，アラン・ダーシュビッツが指摘しているように，より大きな傾向の一部であるかもしれない。「過去の出来事に対応することから，未来の損害を防ぐことへのシフトは，今日の世界における最も重要な，しかし，気づかれていない流れの一部である[39]」。より正確にいえば，今や，配されたリスクに関してだけでなく，予防策を講じることによりリスクを管理する必要性もはっき

りとリスクとみなされているのである。それは，リスクがもたらす結果に関してばかりでなく，リスクの管理にも個人が責任を負うようにし，国家ではなく国民の側へ向けて，リスクの境界線を再度引き直すことである。これは，外務省が個人を「極端に」国家に依存する存在であるとみなしており，リスクに関する新しい国民の基準と責任の境界を再銘記することが必要であると考えているからである。ここにおいて，日本の統治における重大な変革が布告されている。外務省は，国民が，リスクがもたらす結果に対して準備を行い責任を担うだけでなく，できることなら，外務省が提示する渡航のアドバイスと警告に留意して，その身を危険にさらすことなく予防行動を取ることを要求しているのである。もしある個人が公式のアドバイスを無視するなら，その人は，「自分の身は自分で守る」準備をしなければならない。外務省は，リスク管理のシステムを制度化することを通じて，リスクを統制しようとしている。そして，この制度化は，国民がリスクを十分警戒し，リスクがもたらす結果に責任を負うということに基づくものである。

このように，渡航のアドバイスと警告は，外務省がそれを発している国家または領土に日本国民が侵入しないよう督励することで，リスクの境界を銘記する。国家は，外務省がリスクの規制を明示的に公表しているそのやり方をもって，責任の分配をなそうとしているわけである。

海外に居住または旅行する際に遭遇するリスクの例として，先に注目してきたように，外務省は，イラクやアフガニスタンのような戦争やテロリズムの真只中にある国を訪問したり，そこに留まったりするリスクを強調しているが，リスクが増加した理由――それはアメリカの政策を支持したことであるが――については曖昧にし，リスクをめぐる言説に境界線を引いている。もちろん，アメリカの対テロ戦争における政府の立場のいかんによらず，様々な国の個人が世界のいろいろな場所で暴力の犠牲となってきた。しかし日本に関する限り，進行中の安全保障政策の「正常化」は，国外での自衛隊の役割増強を意味している[40]。そして，この，日本によって果たされてきた軍事的役割の増強が，日本国境外での日本国民にとってのリスクを高めている。これは，特に，2004年初めから2006年中頃まで，アメリカの対テロ戦争を支持して日本の地上部隊

が活動していたイラクに，日本国民が入国する場合に当てはまった。その当時「責任」とは，対テロ戦争においてアメリカに協力することを意味した。たとえその結果として海外にいる日本国民のリスクが増加したとしてもである。いい換えれば，アメリカに協力した結果としての日本国家に対して，ではなく，イラクに入国した国民に対して，その責任が明示化されるような方法で，リスクの境界線は引かれたのである。

　それは，もし個人が外務省のアドバイスを無視するなら，そのときは，自分で自分自身を守るべきで，国家からの救助を期待すべきではない，ということを意味する。3人の日本の若者が人質となった直後，ダグラス・ラミスは，それに対するある解釈を示した。それは「場合によっては国民の命の価値がゼロになるという新しい価値基準ができた[41]」ということである。あるいは，統治に対する本章の関心から言えば，アメリカの対テロ戦争を日本が支持するという状況においては，人質となった日本人を外務省がスタッフの時間を投じ税金を使って救助することはない。それよりはむしろ，「新しい」国民は，自己責任の規範に則った，個人のリスク管理という仕事を引き受けうる自律性のある存在となるべきだ，となる。

5　おわりに

　日本国民の統治に関するこれまでの議論が意味するところを，詳細に検討しよう。まず初めに，外務省の渡航のアドバイスと警告にみられるような，日本国家によるリスクの明示的設定と公開は，「極端に」国家依存であった国民を変容させる試みが，現在進行していることを示唆している。戦後の民主主義国家への依存を断ち切り，自己責任という考えが促進され，国民を統治するプロセスにおいて国家と個人の関係を再構成することが行われているわけである。この流れは，民主党政権下でも，また，その後の自民党政権下でも変わっていない。これは，リスクという重荷を国家の肩から下ろし国民に背負わせるもので，より広い意味では，年金，雇用，その他の供給から国家が部分的に撤退することによって，個人の責任を促す改定によく表れている。

しかし，国家が内的リスクを再調整し統制する方法における変化は，外的リスクの変化と連動している。この挟撃作戦は，日本を「普通の国」にするプロセスの一部である。「普通の国」とは，リスクを管理することができる責任ある個人を創出することによって，国家，市場，社会が，リスクを再調整し統制する国である。人は，海外にいようと，ホームレスや無職になっていようと，自分自身でリスクを管理しなければならない。いい換えれば，個人にリスク管理を求めることは，新しい日本国民を求めることである。それは，丸山の著作に触発された多くの人が思い描いたような，平和主義的で民主主義的な国家を創るために自ら進んで責任を背負う国民ではない。むしろ，アメリカの対テロ戦争に協力することで日本が背負った責任の結果としてであっても，世界レベルの競争力をもたない企業が経営改革をした結果としてであっても，どのような場合であっても，生じうるいかなるリスクに対して，自ら対処する準備を整えた，新しい国民である。日本における秩序の管理，調整，規制のための規範と原則は，このように，国民を統治するための新しいメカニズムを創出する政府の試みのなかで，変容している[42]。

　この新しい状況において国民は，予防手段を習得し，何かが起こる以前からそれを想定して事前に備えるといった先制的対処方法を新しい統治メカニズムの一環として受け入れなければならない。このリスクに対する予防と先取りのプロセスは，内的リスクに関する限り，監視カメラの増加など，様々なリスクに対する国民の事前の準備にみて取れる。このような傾向は，テロリストの攻撃を防ぐ取り組みにおいて，日本を含む，先進民主国家において一連の新しい法律が一挙に通過したことにも表れている。これは，国家，市場，社会が，リスクを（再）調整し規制するプロセスの一部である。

　一例は2004年11月に7歳の少女が学校からの帰宅途中殺害された事件に対する大々的な反応が引き起こした内的リスクとの関連にみて取れる。幼児殺害のリスク，それは滅多に起こるものではないにしろ，リスクの再調整と規制に関する市場と国家の関係の変化をみせるに十分なものである。より具体的にいえばその事件は，警備会社のセコムに，子どものための安全電話を売り出す機会を与えた。そのサービスの目的は，子どもがどこにいるのかわからなくて気

を揉む（母）親の心配を解消することである。子どもは追跡可能であり，もし必要であれば，社員がかけつけてその安全を確認できる。このセコムのサービスは月々945円（当時）からであるが，それは，リスクがどのように潜在的な危害に関わるかだけでなく，リスクの媒介者として市場にいかに利益をもたらせるかをも示唆している。ここでみることになるのは，国家（警官を増やす）よりも，むしろ市場（セコム）によって再調整された個人のリスク管理のための道具を与えられて，用心するように訓練される親子である。セコムのウェブサイトには，犯罪から身を守ることを親子が一緒に学べる漫画をはじめとして，自分の子どもを守るための親向けの情報が掲載されている[43]。親子にこれらのリスク規範を教え込むことによって，一方で外的リスクに対抗する国家と安全対策，そして他方で内的リスクに対抗する市場と安全対策との間の新しい関係が，創出されてきている。要するに，外的リスクに関しては軍隊，内的リスクに関しては警察という，国民をリスクから守るための双子の機構を確立してきた近代国家の役割は，国家と市場の関係が移行するのに伴って，国内において侵食され続けている。

　外的リスクに関する限り，日本への北朝鮮の攻撃というリスクへの対応は，外務省がどのくらい規則的に渡航のアドバイスと警告を更新するかにおいてばかりではなく，北朝鮮によるリスクがどのように日本国憲法第9条を侵食しているかに関して示唆的である。つまり，日本を普通の国にするために統治のメカニズムを再形成するプロセスの一部として，北朝鮮というリスクが日本国憲法第9条をどのように侵食しているかを示している。国家の命令で指揮された戦争において個人の死を要求する国家の権利を排除するものとして，第9条を日本の統治における重要な特徴とするのではなく，代わりにそれを脆弱化している。これが意味することは，個人のリスク管理を促進することと連動して，「1つの国民全員を死にさらすという権力」——それは「個人に生存し続けることを保証する権力の裏側」であるが——を回復する動きである[44]。

　2003年1月の衆議院予算委員会における北朝鮮についてのやり取りは，この変化を明確に表している。ある国会議員の質問に答えて，防衛庁長官（当時）の石破茂は，もし，北朝鮮が「東京を火の海にする，灰じんに帰すという表明

があり，それを実現するために燃料注入を始めた，準備行為に及んだということになれば（武力攻撃の）着手という」と述べ，日本攻撃の意思表明と準備行為があれば日本からの基地攻撃は可能であるという見解を示した[45]。石破によれば，北朝鮮が日本に対して「武力に訴える場合[46]」，軍事行動で先手を打つことは，自衛手段とみなされている。石破は後に語調を落としたが，ここに，北朝鮮によるリスクがどのように憲法が設定した統治メカニズムを侵食するのに用いられているかを，みて取ることができる。日本が「陸海空軍その他の戦力」を保持することを許していないと，もともとは解釈されていた憲法第9条は，他の主権国家に対し先制攻撃をかけることを抑制するものとしては最早，みなされてない。

　もちろん日米安全保障条約を前提とすれば，日本よりはむしろアメリカが，先制攻撃をかけるだろう。この場合，クリントン政権の古参メンバーが，このような先制攻撃を促して2006年6月に書いた記事によれば，「日本はそのような行動を歓迎するだろう[47]」。いい換えれば，ここで明らかになってきていることは，国家と国民の関係を変革する方向での外的リスクの再調整であり，先制攻撃の結果として遭遇するかもしれない戦死をより受け入れやすくするものである。国境を越えて他国に入るというリスクは，戦時下で最も突出する。ここに，日本における統治と自己責任の関係における心髄があり，それは，そのような状況において政府を支持するか否かの責任である。

注
1) 本章は，以下の英語論文の翻訳である。"Recalibrating Risk and Governing the Japanese Population: Crossing Borders and the Role of the State," Glenn D. Hook, *Critical Asian Studies*, 44: 2 (2012), 309-327; Taylor & Francis www.tandfonline.com. ただし，英語論文の第3段落目はここでは省略してある。なお，英語論文の著作権は©2012 Taylor & Francisが保有している。邦訳の本書への掲載許可は，論文著者を介して手配された。
2) これ以後，「　」なしで用いることとする。
3) Löwenheim (2007)
4) Leheny (2006)
5) Hook and Takeda (2007)

6) この記事においては，タイトルには「危機」ではなく「脅威」が，ときには「リスク」という言葉が用いられている。英語の"risk"がもつ意味範囲と日本語の「リスク」がもつ意味範囲は異なる。本書第1章も参照。
7) 齋藤 (2006)
8) この点に関して本書第2章を参照。
9) Hook (2004: 95)
10) Japan Tourism Marketing Co. (2012)
11) 外務省 (2010b)
12) Mathiensen (2006)
13) 外務省, 「海外安全　虎の巻」
14) 外務省海外安全ホームページ。また，その後次の4カテゴリーに縮小した。「十分注意してください」。「渡航の是非を検討してください」。「渡航の延期をお勧めします」。「退避を勧告します。渡航は延期してください」。http://www.anzen.mofa.go.jp/masters/risk.html (2014年7月9日閲覧)
15) 外務省, 領事サービスセンターホームページ内のビデオリストを参照。
16) 外務省 (2010a)。外務省は他に，海外で拉致された場合の対処についてのビデオも制作している。
17) 外務省 (2011a)，「アフガニスタン」
18) 外務省 (2012b)，「朝鮮」
19) 外務省 (2012a)，「カンボジア」
20) 外務省 (2011b)，「マダガスカル」
21) Löwenheim (2007)
22) 外務省 (2007)
23) 外務省 (2009)
24) 齋藤 (2006: 17)
25) 外務省, 「海外で困ったら　大使館・総領事館のできること」1ページ。
26) 外務省, 「海外邦人事件簿」Vol. 01, 1ページ。
27) 外務省 (2002)，筆者による強調。
28) 外務省海外安全ホームページ。筆者による強調。http://www.anzen.mofa.go.jp/readme/readme.html (2014年7月4日閲覧)
29) 外務省 (2001)
30) Löwenheim (2007: 204-205)
31) 丸山 (1969)
32) 丸山 (1969: 7)
33) Nakane (1971)
34) van Wolferen (1990)
35) Johnson (1990)
36) 小野 (2003)，筆者による強調。

37) 詳細は，Hook and Takeda（2007）を参照。
38) 谷崎（2006: 25）
39) Dershowitz（2006: 7）
40) Hook *et al.*（2001）
41) ラミス（2005: 22）
42) Hook（2005: 31-33）
43) セコム「子どもを見守る」を参照。
44) Foucault（1978: 137=1986: 174）。既存の訳を参照しつつ，改めて訳出した。
45) 読売新聞，2003年1月27日付け参照。http://www.bbc.co.uk/hi/world.asia-pacific/2757923.sym（2012年2月2日閲覧）
46) 同上。
47) ワシントン・ポスト，2006年6月22日付け参照。

参考文献

Dershowitz, Alan M., 2006, *Preemption: A Knife that Cuts both Ways*, W.W. Norton.

Foucault, Michel, 1978, *The History of Sexuality Vol. 1 An Introduction*, Robert Hurley trans., Penguin Books.（=1986, 渡辺守章訳『性の歴史Ⅰ　知への意志』新潮社）

外務省，「海外邦人事件簿」（2012年2月2日取得，www.anzen.mofa.go.jp/jikenbo/jiken_index.html）。

——，海外安全ホームページ（2012年2月2日閲覧，www.anzen.mofa.go.jp/）。

——，「海外で困ったら　大使館・総領事館のできること」（2012年2月2日取得，www.anzen.mofa.go.jp/pamph/pamph.html）。

——，「海外安全　虎の巻」（2012年2月2日取得，www.anzen.mofa.go.jp/pamph/pamph.html）。

——，領事サービスセンターホームページ（2012年2月2日閲覧，www.anzen.mofa.go.jp/about_center/index.html#video）。

——，2001，www.mofa.go.jp/announce/press/2001/11/1102.html（2012年2月2日閲覧）。

——，2002，www.mofa.go.jp/announce/press/2002/4/0423.html#1（2012年2月2日閲覧）。

——，2007，www.mofa.go.jp/mofaj/toko/tokei/pubanzen/2006[*sic*].html（2012年2月2日閲覧）。

——，2009，www.anzen.mofa.go.jp/anzen_info/pdf/2009_01.pdf（2012年2月2日閲覧）。

——，2010a，「海外へ進出する日本人・企業のための爆弾テロ対策Q&A」（2012年2月2日取得，www.anzen.mofa.go.jp/pamph/pamph_03.html）。

―――, 2010b, 「海外在留邦人数調査統計」(2012年2月2日取得, www.mofa.go.jp/mofaj/toko/tokei/hojin/10/pdfs/1.pdf).

―――, 2011a, 「アフガニスタン」(2011年6月16日閲覧, www.mofa.go.jp/mofaj/toko/tokei/hojin/10/pdfs/1.pdf).

―――, 2011b, 「マダガスカル」(2012年2月2日閲覧, www2.anzen.mofa.go.jp/info/pcsafetymeasure.asp?id＝119).

―――, 2012a, 「カンボジア」(2012年2月2日閲覧, www2.anzen.mofa.go.jp/info/pcinfectionspothazardinfo.asp?id＝004#danger).

―――, 2012b, 「朝鮮」(2012年2月2日閲覧, www2.anzen.mofa.go.jp/info/pcinfectionspothazardinfo.asp?id＝035#header).

Hook, Glenn D., 2004, "An Emerging Microregion? The Role of Nonstate Actors in Japan's Relations with the Russian Far East," Lawrence T. Wood ed., *Understanding Japan: Essays Inspired by Frank Langdon*, University of British Columbia Press: 87-114.

―――, 2005, "Contested Governance in Japan: Modes, Sites and Issues," Glenn D. Hook ed., *Contested Governance in Japan: Sites and Issues*, Routledge Curzon, 3-13.

―――, 2010, "Risk and Security in Japan: From the International to the Societal," *Japan Forum*, 22, (1/2): 139-148.

Hook, Glenn D. *et al.*, 2011, *Japan's International Relations: Politics, Economics and Security*, Routledge.

Hook, Glenn D. and Hiroko Takeda, 2007, "Self-Responsibility and the Nature of the Japanese State: Risk through the Looking Glass," *Journal of Japanese Studies*, 33 (1): 93-123.

Japan Tourism Marketing Co., 2012, "Statistics of Japanese Tourists Travelling abroad," www.tourism.jp/english/statistics/outbound.php (Accessed 2 February 2012).

Johnson, Chalmers, 1990, "The People Who Invented the Mechanical Nightingale," *Daedalus*, 119 (summer): 71-90.

ラミス, ダグラス, 2005, 「パネルディスカッション「自己責任」論とジャーナリズムを考える」同志社大学浅野健一ゼミ編『イラク日本人拘束事件と「自己責任」報道――海外メディアは日本人拘束事件をどう伝えたか』現代人文社, 19-38.

Leheny, David, 2006, *Think Global, Fear Local: Sex, Violence and Anxiety in Contemporary Japan*, Cornell University Press.

Löwenheim, Oded, 2007, "The Responsibility to Responsibilize: Foreign Offices and the Issuing of Travel Warnings," *International Political Sociology*, 1 (3): 203-221.

Maruyama, Masao, 1969, *Thought and Behaviour in Modern Japanese Politics*, Ex-

panded ed. Oxford University Press.（＝1964，丸山眞男『現代日本の思想と行動』未來社）
Mathiensen, Thomas, 2006, "Lex Vigilatoria: Towards a Control System without a State?," Sarah Armstrong and Lesley McAra eds., *Perspectives on Punishment: The Contours of Control*, Oxford University Press. 119-32.
Muringai, Violet and Ellen Goddard, 2011, "Bovine Spongiform Encephalopathy, Risk Perceptions, and Beef Consumption: Differences between Canada and Japan," *Journal of Toxicology and Environmental Health, Part A Current Issues*, 74 (2-4): 167-190.
Nakane, Chie, 1971, *Japanese Society*, Berkeley and Los Angeles: University of California Press.（＝1967，中根千枝『タテ社会の人間関係――単一構造の理論』講談社）
小野正昭，2002，「在留邦人：政府の保護と自己責任の境目とは――領事の仕事」『外交フォーラム』16 (6): 62-65。
Rosenberger, Nancy, 2009, "Global Food Terror in Japan: Media Shaping Risk Perception, the Nation, and Women," *Ecology of Food and Nutrition*, 48 (4): 237-262.
齋藤法雄・河野毅・小島俊郎・山崎正晴，2006，「座談会　新たな時代の脅威に備える」『外交フォーラム』19 (4): 10-19。
セコム「子どもを見守る」（2012年2月2日取得，www.secom.co.jp/kodomo/）。
谷崎泰明，2006，「多様化する危機にいかに立ち向かうか」『外交フォーラム』4: 24-27。
van Wolferen, Karel, 1990, *The Enigma of Japanese Power: People and Politics in a Stateless Nation*, Knopf.（＝1994，篠原勝訳『日本　権力構造の謎』早川書房）

第4章
日本のリスキーな境界
領土主権と尖閣諸島のガバナンス

グレン・D・フック（長島美織訳）

1　はじめに

　本章は[1]，中国では釣魚島，台湾では釣魚臺として知られている尖閣諸島における日本の最近の役割について探究するものである[2]。日本政府は，沖縄から200キロ未満の東シナ海に位置している，これら8つの無人島や岩の実効支配を維持しているが[3]，中国，台湾の両政府は，日本の領有を承認しておらず，自らの主権を主張している[4]。安倍晋三政権は，これらの主張に対して，尖閣諸島をめぐる領土問題は存在しないと断言している。これは，前の野田佳彦政権から変わっておらず，安倍政権時の自民党と野田政権時の民主党が境界領土におけるリスクに関して同じ立場を取っているということを示している。

　既存の学術論文の多くは，こういった，尖閣諸島の主権をめぐる「領有権係争」について検討しているが[5]，本章で採用しているアプローチは異なるものである。それは，日本の境界線におけるリスク，主権，そしてガバナンスの間の相互関係を探究するために，尖閣諸島という事例を取り上げるというものである。特に，「戦後レジームからの脱却」という安倍政権によるより広範なリスクの再調整が行われるなかで[6]，その過程の一部として，いかに日本の海洋における境界のガバナンスが変化しているか説明することを目的としている。敷衍するならば，安倍政権は，日本を「自衛を超えた目的をもつ，独立した軍隊を備えた」国に変えるために，軍事力を配備しようとしている[7]。今回の事例は，いかに政府が無人島に対して実効支配やガバナンスを行使するのかということを明らかにするであろう。

　日本は尖閣のような数多くの遠隔離島を誇る海洋大国であるが，それは日本の境界がリスキーであるということも意味している。当時の野田首相はこのことを十分認識しており，2012年8月，日本の境界は6800もの遠隔離島を含んでおり，これら実効管理の下にある海洋地域を含めるならば，世界で6番目に大きい国となるということを強調している[8]。同様に，安倍首相は，日本は「成熟した海洋民主主義国家」であると述べている[9]。

　日本の遠隔領土に対する安倍首相の関心——それは野田元首相と共通のもの

であるが——は，2013年7月の参議院選挙遊説の際に，日本の首相として初めて石垣島を訪問していることでも明らかである。石垣市海上保安部所属の巡視船は尖閣諸島周辺海域を警備しているが，[10] このような無人島の境界は，実効支配を維持するということに関して，日本政府に特別なリスクを課している。これは特に，日中の領有権係争が起きている場合にとりわけ明示的となる。

　本章の構成は次の通りである。第1節でリスクに関する3つのアプローチを紹介し，尖閣諸島のガバナンスにおけるリスクの再調整を探究する上で，リスクという概念がいかに有効かを示す。[11] 第2節は，領有権係争に関する背景知識を与えるものである。それは日本の視点をとって書かれているが，主権に関する日本の主張を擁護するためではなく，第3節における分析のための舞台を設定するためである。第3節は，2つの部分に分かれている。最初の部分は，リスクの再調整が安全や同盟に関して含意するところを扱っている。後続の部分は，日中の領有権係争が日本国家，市場，社会にいかなる費用や損害を与えているかを検討している。結びの節では，日本の境界線におけるリスク，主権，ガバナンスというものの含意および，安全に関する安倍政権下におけるリスクの再調整の意味合いについて論じることにする。

2　リスク研究の方法

　リスクは，様々な視点から研究することができるが，3つの研究方法が代表的なものである。これらの立場は，リスクという概念がリスキーな境界の問題に光を当てることにいかに役立つか，そしてリスクという概念がリスク管理や近代産業社会，ガバナンスといった事柄にどのように関連するかという点を，対照的に描き出すこととなる。

　例えば市場でリスクを取ることは利益や収入ということに潜在的に結びつくというように，リスクは潜在的な利益を含むものであるが，ここでの焦点は，リスクと将来の損害や費用との関連である。[12] これは，国家，市場，社会というリスクの中心的な媒介メカニズムにおいて，明らかにみて取れる。自然のリスク（例えば日本の2011年3月11日の地震によって引き起こされた物的損害）において

も，人間が引き起こしたリスク（例えば2005年7月7日のロンドン爆破事件やアメリカ合衆国における2001年9月11日世界貿易センターとペンタゴンへの攻撃で引き起こされた死傷や破壊から生じた費用や損害）においてもこれらの媒介メカニズムは作動する。

最初のアプローチは，このような将来に有害な影響を及ぼすリスクが，どのように管理されるべきなのかに関わっている。リスク管理[13]というのは，問題解決的なアプローチを取るものであり，概して，いかに特定のリスクが再調整されるかといった点には興味を示さない。将来の損害の可能性に対して予防的な措置を取ることによって，同定されたリスクの現実化（つまり，費用や損害）を防止するのが目的なのである。国家，市場，社会というのは，広範なリスク管理の方法を援用して，リスクの結果を緩和している。これは例えば，盗難防止のために家庭で取られる予防的方法であるとか，価格固定活動のリスクに対抗して市場で取られる規制であったり，尖閣諸島に上陸することを防ぐために国家によって海上保安庁が動員されるといったことである。

2番目のアプローチは，ウルリッヒ・ベックに代表される[14]。ベックは，近代化に伴う現代社会のリスクというものを強調し，近代産業社会をリスク社会とみなしている。そこでは，リスクは，私たちの食べ物であるとか，エネルギーであるとか，権力の源といった様々な側面において，通常の日常生活に遍在している。リスクにまつわるベックの関心は，尖閣諸島における日本の役割を検討する本章での関心からすると，かなり抽象度の高いものである。それらは，社会における汚染された食物のリスク，市場での核廃棄物処理のリスク，国家レベルにおける地球温暖化のリスクに対する政策的な解決方法を見つける際のリスクとして象徴されている。それにもかかわらず，近代とリスクの関連性というのは，この研究にとっても重要なものである。というのは，ベックのアプローチは，リスクの理解であるとか，将来の破壊的な影響といったものが，いかに静的なものではなく，時間とともに変化するものであるかに対して注意を喚起するからである。

3番目のアプローチは，ミシェル・フーコーに関連づけられており[15]，リスクと人口のガバナンスとの結びつきに関するものである。フーコー的なアプロー

チでは，ガバナンスよりはガバメンタリティという表現を用いるが，これらの共通点は，国家がいかに人口を支配するのかということとリスクとの関わりである。本章ではガバナンスを，「支配の管理や協調の規則に関する規範やルール」と定義する。日本国内であるか，国際地域であるか，グローバルなレベルであるかにかかわらず，領土に対する実効支配はガバナンスの前提条件である。しかし，フーコーの研究で明らかにされたように，ガバナンスは通常，人口に対する統治を意味し，無人島に対する統治をいうものではない。となると，政府はどのようにこの境界線上の無人島を統治するのであろうか。これが，私たちが以下において，尖閣諸島のガバナンスを探究することによって答えようとする問題である。

3　背　　　景
——領有権係争——

　海洋法に関する国際連合条約（the United Nations Convention on the Law of the Sea and Other Agreements）の下，島と岩がどのように区別されているかに関する法的な複雑性を掘り下げることは，本章の範囲を超えている。重要な点は，領土は島として承認されれば，領海において12海里，そして排他的経済水域として200海里の領土を生むということである。岩は領海における12海里のみをもつ。したがって，尖閣諸島の主権主張をめぐる論争において，捉えがたいナショナリスト的な理由は別にしても，国益が関わっているのは明白である。実際，日本政府によると，「1968年秋に行われた（国連アジア極東経済委員会，ECAFE）学術調査の結果，東シナ海に石油埋蔵の可能性があるとの指摘を受けて尖閣諸島に注目が集まると，中国政府及び台湾当局は1970年以降になって，同諸島の領有権について独自の主張を始めました」となるのである。

　尖閣諸島として言及されている領土は，5つの無人島，3つの岩，そして6平方キロメートルにわたる遠隔の島や岩からなっている。沖の北岩，沖の南岩，飛瀬は領有権が主張されている岩であり，日本の実効支配の下にある。魚釣島，南小島，北小島の3島は個人所有であり，従来日本政府によって賃借されてい

た。2013年3月31日の会計年度終了に伴う賃借権の更新前の2012年9月，野田政権によって購入，国有化が行われた。購入の前後でこれらの島は日本の実効支配の下にあった。

　久場島（黄尾嶼）は，尖閣諸島のなかで未だに個人所有である唯一の島である。しかしその島は，個人所有者から日本の政府に貸し出されており，さらにアメリカ軍がそれを射爆撃場として日本政府から借り受けている。久場島（黄尾嶼）が射爆撃場として使用されたのは1978年が最後であるが，それにもかかわらず合衆国はその島を借り続けている。大正島（赤尾嶼）は国有の領土であるが，久場島（黄尾嶼）と同様，アメリカ軍が射爆撃場として借用している。この島も，射爆撃場として使用されたのは1978年が最後である。

　尖閣諸島をめぐる論争は，無主地という法的概念の下に，日本人が19世紀以降に尖閣諸島に住みついたという日本の主張に端を発している。一方，中国はそれらを歴史的に中国の領土であるとみなしているが，日本政府の主張というのも，同様に尖閣諸島は「日本固有の領土」だというものであり，日本と中国は，両者ともに歴史的経緯を主張している。しかし，中国は，日本の領有権主張は帝国主義や戦争による略奪から生じていると非難している。というのは，魚釣島などが1895年1月に日本に正式に合併されたのは，日清戦争後の講和会議における下関条約（日清講和条約）が4月に調印されるほんの数か月前のことだったからである。中国政府にとっては，したがって，尖閣諸島は明王朝にまで遡る「中国固有の領土」なのである[23]。

　両者とも国際法の下にこの問題を解決しようとは試みていないので[24]，このような双方の歴史的な主張がどの程度支持を得ることができるのかは不明である。いい換えれば，尖閣諸島の領有権問題は，法的というよりは政治的なものに他ならない。しかし日本はあくまで，「領土問題は存在しない」という立場を維持している[25]。「存在する」ことを認めれば，日本政府の主張が弱まるからである。

　今でこそ居住者がいないが，19世紀後半から20世紀初期にかけて，尖閣諸島には日本人が少数であるが住んでおり，1970年代初頭までは折にふれて限られた範囲での人間活動が行われていた[26]。古賀家は，日本への編入後，尖閣諸

島で商業を営む許可を与えられていた。1909年時点で，尖閣諸島には200人を超える日本人が住んでおり[27]，その多くは魚釣島を居住地としていた。日本政府は，19世紀後半の時期から，敗戦時の1945年まで尖閣諸島の実効支配を維持していたが，敗戦時には沖縄と同様に南西諸島の一部としてアメリカの信託統治の下に置かれた。日本によって「固有の領土」と主張されている尖閣諸島という領域が，戦争で敗北しアメリカの信託統治下に置かれたことの結果として，日本の境界は，不安定な状態になったのである。

しかし，1971年の沖縄返還協定（Okinawa Reversion Agreement）――それによって1972年5月に沖縄がアメリカから返還されたわけであるが――はこの境界問題を解決したわけではなかった。というのは，沖縄の返還は，返還領土に対する日本の潜在主権維持の下で行われたからである[28]。アメリカ政府が認めた日本政府の沖縄に対する「潜在主権」という概念は，しかし，尖閣諸島を含んでいなかった。それは，沖縄返還に際して，尖閣諸島の施政権のみを日本へ移行したとアメリカ政府が確認したことを意味する。

ニクソン政権はアメリカ議会で，沖縄返還協定について説明する際に，日本の潜在主権概念から尖閣諸島を除外した。ニクソン政権は，尖閣諸島の主権に関する日中間の競合する主張に対していかなる立場も取らないことを断言している。法律顧問補（Assistant Legal Adviser）の代行であるロバート・スター（Robert Starr）は，アメリカ合衆国は施政権を日本に返還したのみであり，「日本に施政権を返還することはいかなる意味においても潜在的な領有請求権を妨げるものでは決してない」と述べている。国務長官のウィリアム・P・ロジャーズ（William P. Rogers）も，「沖縄返還協定はこれらの島の法的地位にいかなる影響も与えない」と証言している[29]。

侵略によって得た領土を日本から没収した終戦時のポツダム宣言締結の含意によることなのか，台湾からの圧力なのか，ニクソン政権による中国との関係正常化の交渉途中ということによるのか，それとも単に領土問題に関わりたくないということであったのか，主権問題に関してアメリカが日本の領有権主張

を支持しないと決めたのがいかなる理由であったにせよ,「潜在主権」の範囲から尖閣諸島を除外したということは,尖閣諸島の主権とガバナンスに関して非常に大きな意味をもっている。

　アメリカにとって,尖閣諸島は,沖縄県の他の島々とは明確に異なるものであり,その主権は今後決められるべきものである。これは,日本が尖閣諸島を国内の他の地域と同じようには統治できないということを意味している。アメリカが沖縄占領期そして今日に至るまで,久場島（黄尾嶼）と大正島（赤尾嶼）を軍事的な目的で借用しているにもかかわらず,アメリカが尖閣諸島に関わる日本の主権主張を支持することはない。しかし一方,尖閣諸島の施政権が日本へ返却されたことは,日本政府にとって非常に重要なことなのである。それは,尖閣諸島も日米安保条約（US-Japan Security Treaty）下に置かれたということを意味するからである。この帰結を以下で検討することになる。

4　リ　ス　ク
―― 安全,コスト,そしてガバナンスに対する含意 ――

　日本の境界におけるこの不安定性は,リスクの再調整をもたらしている。それは,アメリカとの領土防衛や同盟の文脈のなかに,中国との領有権係争を位置づけるという形でのリスクの再調整である。論争の焦点は主権なので,国家,市場,社会というリスクの3つの媒介主体のなかで,国家がここでは重要な役割を果たしている。注目しなくてはならないのは,日本政府がリスクを再調整している方法が,結果として,どのようなガバナンスの変化をもたらしたのか,さらに一連の費用という点で,市場や社会にどのような影響を及ぼしているか,ということである。次の2つのサブセクションは,リスクの再調整プロセスにおけるこの複雑性を明確にするものである。

リスク,安全,ガバナンス

　日本にとっての最も重大なリスクは,尖閣諸島の実効支配が中国によって脅かされることである。これは,主権の完全喪失に至らないまでも,ガバナンス

の失墜や主権の低下をもたらす可能性があるからである。このリスクは，尖閣諸島に属する海域（ときに空域）への中国の侵入で顕在化しているが，これらのリスクを扱う際の政府の行程は，政府内のそれぞれの組織においてマニュアル化されている。官邸では，中国の日本領海や領空への侵入時にはまず危機管理センターが制御する。その後中国機や中国船が領域から去るなどして，リスクが少なくなったときには，情報連絡センターが引き継ぐことになっている[30]。このように，それぞれのリスクのレベルに応じて異なるガバナンスのメカニズムが作動することになる。中国によって惹起されたリスクの再調整の過程は，領土の保全性を維持するための司法的枠組みの改定や，日本を統治するための機関の調整にも現れている。ここで最も重要なのは，海上保安庁法（Japan Coast Guard Agency Law）と領海等における外国船舶の舶航に関する法律（Law relating to the Passage of Foreign Vessels in Japanese Territorial Waters）に対して，2012年8月に行われた改定である[31]。これらの改定は主に3つの目的をもっている。

1つ目は，遠隔離島における犯罪に直接対処する権限を海上保安庁の隊員に与えたことである。以前は，日本の他の地域と同様に，境界においても警察が犯罪を扱う義務を負っていたわけだが，その警察の関与なしに直接，海上保安庁が犯罪に対処することができるようになった。想定されるケースは，外国籍の者が入国管理局の移民検査官による監査なしに，尖閣諸島に上陸した場合などである。2つ目の改正の目的は，乗船している客や乗組員を取り調べるための海上保安庁の権限を拡張することであった。3番目は，正当な理由なく日本の領海内に停留している外国船に，その船に乗り移る権利はないまでも，退去命令を出す権限を海上保安庁に与えたことである。

実際，中国船が尖閣諸島周辺に現れたとき，海上保安庁の巡視船は日本の領海内に侵入しないよう警告を発したり，侵入した場合には退去するように警告を発する。中国船は通常3，4隻で現れ，尖閣諸島は「古来中国の固有の領土」[32]であり，「中国の管轄権のもと領海での通常のパトロールを行っている」[33]ということを中国の船員が放送し，その場を去る。そして，またほんの2，3日後にこのサイクルを繰り返すというものであるが，しかし，ときには海上保安庁

の巡視船の警告を無視することもある。[34] 中国国家海洋局（China State Oceanic Administration）の海洋監視船（Marine Surveillance vessels）は，2012年9月から2013年8月の間に56回，領海に侵入している。[35]

中国は2013年7月には，新しく統合された中国海警局（China Coast Guard Agency）の下で東シナ海の海洋監視を増強した。日本海上保安庁は，7月24日に初めて境界領域で中国公安辺防海警部隊（China Coast Guard）の船を確認している。[36] 日本政府は，尖閣諸島という境界領域のガバナンスを強化したが，この新しい中国の海洋監視は日本主権のリスクを増加させている。リスクは今や，このような中国船による継続的な挑戦が，日本の領有権主張をゆっくり侵食し，尖閣諸島という境界領域でのガバナンスを揺るがし，そして日中の領有権係争を激化させることである。

実際，領有権係争激化のリスクは，尖閣諸島周辺の海域に侵入する海洋監視船が増えているということばかりでなく，中国機による日本領空への侵入からもみて取れる。それは最初，中国国家海洋局Y12機が尖閣諸島領空に侵入した2012年12月に起こった。これに対抗して，日本の航空自衛隊（SDF）はF-15機8機を那覇基地から緊急発進させたが，基地から尖閣諸島領空まで15分から20分かかるため，航空自衛隊機が到着したときには，中国機は領空から去った後だった。この一連の動きは，日本の反応が，海上保安庁の警察行動から航空自衛隊の軍事行動にエスカレートしているということをはっきり示している。

2013年1月には，今度は尖閣諸島の領空には入らないまま，尖閣近くの防空識別圏を飛行していたY12機を監視するために，航空自衛隊がF-15機を緊急発進させた。同様に中国のJ-7とJ-10戦闘機も防空識別圏に侵入した。そしてさらに同月，尖閣諸島周辺の海域において海上自衛隊の艦船が，中国船からレーダー照射を受けたとされる出来事が起こっている。

このように，日中双方の海空軍が小競り合いのスパイラルを発生させていることからして，リスクの取り扱いにおける軍事化がエスカレートしていることは明らかである。日本の航空自衛隊に対する中国の反応は戦闘機の発進であり，中国は，日本航空自衛隊の発進に対して自らの軍事力で反応しているのである。中国機による次の侵入が起きれば，安倍政権はトレーサー（曳光弾）の警告発射

での対応を考えていると伝えられている。トレーサーは，1987年のソビエトによる日本領空侵入で使われたのが最後であり，現在の緊張が冷戦後の世界において先例のないレベルに達していることを示している[37]。

中国をリスクとみなす感覚が広がっていることを受けて，2013年度版防衛白書は，「領海侵入や領空侵犯，さらには不測の事態を招きかねない危険な行動を伴うものがある」ということを強調することによって，リスクの再調整に寄与している[38]。同様に，2010年の防衛計画大綱（National Defense Program Guidelines）の改定も中国を想定して行われた[39]。2012年版の防衛白書でもみられたが，2013年版（とりわけ日本語版[40]）で目を引くことは，中国によって引き起こされたリスクが，日本領土の防衛（特に南西諸島への焦点の移動）という点で再調整されているということである[41]。

領土の国家防衛に関するこの強調は，日米安保条約の文脈における領土問題のフレーミングと密接な関係がある。日本の政府関係者やメディアは，尖閣諸島防衛に関するオバマ政権の姿勢を確認しようとやっきになっている。すでに述べたように，アメリカは主権にまつわる日本の立場を支持していないが，米政府関係者は，尖閣諸島が日米安保条約の適用範囲であるということは容認している[42]。これは，尖閣諸島が中国によるリスクにもかかわらず，日本の実効支配の下に置かれているからである。日米安保条約の第5条は，以下の通りである。

各締約国は，日本国の施政の下にある領域における，いずれか一方に対する武力攻撃が，自国の平和及び安全を危うくするものであることを認め，自国の憲法上の規定及び手続に従つて共通の危険に対処するように行動することを宣言する。前記の武力攻撃及びその結果として執つたすべての措置は，国際連合憲章第51条の規定に従つて直ちに国際連合安全保障理事会に報告しなければならない。その措置は，安全保障理事会が国際の平和及び安全を回復し及び維持するために必要な措置を執つたときは，終止しなければならない。

日本の政治指導者たちが，日米安保条約の適用範囲は尖閣諸島を含むと明言したアメリカの声明を歓迎する一方で，このようなフレーミングは，日本に，以下にみるような5つの異なる種類のリスクを課すこととなる。

　まず，第1のリスクは，アメリカが「共通の危険」に対応するかどうかということである。つまり，日米双方の合意としての安全保障条約は経年変化しており，同盟としての行動と同じではないということに留意する必要がある。安全保障条約は，安全保障上の焦点がソ連であった時代に作られたが，1960年に実効力をもって以来，運用上の同盟というのは，50年以上にわたって，現実のなかで形作られてきているわけである。その間条約の文言はまったく変化していないが，日本の軍事力は，今や幅広い範囲に拡張されており，条約が調印された当時には行われていなかったことにも及んでいる。

　特に尖閣諸島に関しては，在沖縄アメリカ海兵隊ではなく自衛隊が防衛の任を負うよう期待されている[43]。それは，日米軍隊の間の役割分担なのである[44]。したがって，アメリカが沖縄へ垂直離着陸機オスプレイを配備することは，尖閣諸島に対する中国のリスクと関連づけて論議されることがあるが，これはアメリカの意図するところではあるまい[45]。いずれにしても，2010年の世論調査では，アメリカが日本を「本当に守る」かどうかという点に関して，46％はそう思ってはいない（41％はそう思っている）[46]。2013年1月の日米安保条約自体に対する支持は，2009年に76.4％から81％に上昇しているにもかかわらずである[47]。

　日本にとっての2番目のリスクは日本政府によるリスクの再調整が地方のガバナンスに与える影響である。領土問題への対応として単に外交的な手段のみではなく軍事力が必要という観点から，日本政府は中国によって引き起こされたリスクの再調整を行ってきたが，これは，政府が南西諸島の防衛に焦点を当て，沖縄への自衛隊再配備を合法化することを可能にした。このようなリスクの再調整は，以前の政権下が数十年にわたって軍事予算を凍結してきたにもかかわらず，安倍政権下においての防衛予算の増加を可能にしている。2014年〜5年にかけての予算は，前年の0.8％増加に加えてさらに，4％の増加を見込んでおり，尖閣諸島の防衛を増強するという主な目的を担っている[48]。これは，情報収集などの活動の目的で自衛隊を与那国島に配置するために，2013〜14

年において100億円の防衛予算が確保されていることにみて取れる[49]。

尖閣諸島の近くにある，与那国町は，島に陸上自衛隊沿岸監視部隊を配置する，この計画ゆえに分裂している。それは2013年8月の町長選において争点となり，わずか1200人の有権者に対して，賛成派反対派という形で候補者が立候補した。このケースが示すのは，軍事的反応というリスクの再調整が，いかに島民の意見を分裂させたかということである。それはまた，この小さなコミュニティの統治に関する問題であり，航空自衛隊に頼るか，より自治的な経路を描くかという選択でもある[50]。

島への航空自衛隊配置に好意的な現職の知事に対して，崎原正吉は，「（与那国に）航空自衛隊を呼び寄せるのは日本の境界において，町を発展させることにはつながらない」と述べている[51]。また防衛省は，中国機が日本の領空域に入った際のリスクに対して，緊急発進するジェット機の飛行時間を減らすために，尖閣諸島の近くにF-15機を配備する可能性を検討している。具体的には，政府は那覇より尖閣諸島に近い下地島空港にある3000メートルの滑走路の使用可能性を調査している。しかしこれは，過去に中央政府が沖縄県と交わした，軍事目的で空港を使用しないという旨の覚え書きを裏返し，沖縄人による広範なガバナンスを衰えさせることになる危険性を含んでいる[52]。

日本にとってのリスクの第3の点は，日米安保条約が尖閣諸島を含むというアメリカの立場と関連している。尖閣諸島において日本が実効支配を喪失すれば，それは単に日本の主権主張をアメリカが支持しないということばかりではなく，日米安保条約の義務喪失をも意味するのだ。日本が抱えている他の2つの領有権係争――韓国との竹島（独島）と，ロシアとの北方領土（クリル諸島）――において，これらの領土は，先にみた日米安保条約の第5条には含まれていない。日本政府は竹島と北方領土においては実効支配を維持していないからである。つまり，尖閣諸島における日本にとってのリスクは，実効支配を喪失すれば，日米安保条約をもはや適用することができなくなり，アメリカは尖閣諸島を守る義務がなくなるということである。

日本にとっての4番目のリスクは，アメリカが実際に第5条を遵守するかという点である。日本が尖閣諸島の実効支配を維持しているとしても，日米安保

条約第5条において，アメリカの支持は「憲法の規定や行程に沿ったものである」と述べられている。確かに，米上院は，2012年11月における「上院の意見 (sense of the Senate)」でオバマ政権の方針に従って，「アメリカは，条約第5条に基づいて日本政府に対する関わりを再確認するものである」と述べている[53]。しかし，米政府は尖閣諸島に関して単に日本の施政権を認めているだけで，日本主権を認めてはいない。このような尖閣諸島の防護にアメリカ人の血や国の富が使われるべきかどうか，米議員が問い正すだろうというリスクが残っている。さらに，尖閣諸島をめぐる米中の直接的な対決のケースになれば，アメリカ政府は，日本よりも中国との利害関係を選択するという可能性もあるだろう。少なくとも，アメリカは，第5条を遵守すると，尖閣諸島をめぐる中国との対立のリスクを自ら引き起こすかもしれない。したがって，日本にとってのリスクは，その時点でアメリカ政府が第5条を固守しないという可能性である。

　最後に第5番目として，前の点が示唆するように，尖閣問題が国際的な危機のレベルに達したとき，中国に対する経済依存度などの要因から，アメリカが日本よりは中国との関係を優先する可能性が十分にありうるという点である[54]。この場合，日米安全保障条約にかかわらず，アメリカ政府は中国との衝突を回避するために，米中関係を優先最上位に置く可能性がある。日中2国間ホットラインを設定するための交渉が2012年10月に中国によって破棄されており，日中間に危機的な状況が発生しても，対話によってその危機を解決することが難しいというリスクも増加しているといえよう[55]。

リスク，コスト，ガバナンス

　尖閣諸島をめぐる日中の領有権係争によって様々なリスクが引き起こされているが，日本政府によるリスクの再調整は，市場や社会が担わなくてはならない費用や損害の拡大をも引き起こした。例えば，菅直人政権下において，2010年9月，中国漁船閩晋漁5179の船長が逮捕された[56]。尖閣諸島付近の日本領海で，海上保安庁の巡視船2隻に（意図的であったかどうかは別にして）衝突したということであった。船長は最初公務執行妨害で逮捕されたが，その後罪を問われることなく，那覇地検は船長の釈放を決定した[57]。一般に疑義されているように，

もしこの行為が，日中間の関係悪化のリスクに直面した管政権の政治的な圧力によるもので，検察庁の独立した決断でないならば，これは再び，尖閣諸島における日本のガバナンスを抑制したり，尖閣諸島に対する実効支配を弱める方向での中国の能力を示したことになる。それは無論，管政権の「弱腰外交」の現れとして非難された[59]。

しかしながら，この船長逮捕に対する中国側の反応は，中国政府の外交的抗議だけに留まらず，市場や社会のレベルでの費用や損害をももたらすこととなった。逮捕の後に市場が払わなければならなかった費用や損害は，訪日中国人観光客やビジネスマンの数が大幅に減少したことなどにもみられる。訪日中国人は，2010年8月には17万1503人であったものが，12月には6万493人に激減した[60]。同様に，ハイテクセクターもレアアースの日本向け輸出制限により，打撃を受けた[61]。レアアースは携帯電話であるとか，ハイブリッド自動車その他エコ家電のような洗練された商品に欠かせないものである。社会的レベルとしては，草の根交流への影響があり，上海世界エキスポにおいて中国政府が日本人青年1000人の訪問を拒絶し，人気グループSMAPの公演が中止された。

日中の領有権係争は，野田政権下の2012年8月15日，香港と中国の活動家が魚釣島に上陸したことで再熱することになる[62]。通常外国の船舶が尖閣諸島周辺の領海に入ろうとすると，海上保安庁巡視船から退去が要求される。しかし，このケースでは，中国，香港，台湾の抗議船はその退去要求を無視し，日本側からみると領海内に侵入したのである。この侵入は，台湾からの抗議船に中国と香港の活動家14人が乗船して行われた抗議運動であり[63]，そのうち7人が魚釣島に上陸した。これを受けて海上保安庁巡視船は，活動家を勾留し，さらに沖縄県警は上陸した7人を逮捕，出入国管理及び難民認定法（Immigration Control and Refugee Recognition Act）の下，強制送還した。これは，尖閣諸島における日本の実効支配と日本の法律適用下での統治能力を明示することとなったが，日本政府による活動家たちの扱いに抗議して，尖閣諸島を自分自身で訪れる日本人グループもあった。

最も注目されたのは，同月，日本の領土を守るため行動する議員連盟がボートをチャーターして，尖閣諸島を訪れたことである。しかしこれは，日本政府

から上陸の許可をもらっておらず，いわゆる違法行為となる。同連盟の10人は，魚釣島の近くで，海に飛び込み岸に泳ぎついた。その後，石垣市へ寄港し，メンバーの1人は会見で，「国の誇りと主権を守りたかった」と，この行動を正当化した。[64] 海外の活動家と同様に連盟メンバーの10人も起訴されることはなく，外国籍と日本籍の両ケースにおいて，尖閣諸島への上陸に関して，ガバナンスの機能としての法の適用がいかに制約されているかを示すこととなった。

次に，東京都知事（当時）の石原慎太郎が政府の尖閣諸島政策に挑んで，新しいリスクを引き起こした。これは，2012年4月の訪米の折，ワシントンにあるヘリテージ財団（Heritage Foundation）での演説において，尖閣諸島の私有島3島を購入する計画を検討していると述べたことに由来する。[65]

これまでの，尖閣諸島のガバナンスに対する国内の主な挑戦というのは，政府の上陸禁止に従うことを拒否している右翼の活動家によるものであった。例えば，日本の領土を守るため行動する議員連盟と同じように，右翼グループ日本青年社は政府の上陸許可の必要性を無視して1978年に尖閣諸島魚釣島に上陸し，灯台を建設した[66]。17年経った2005年に日本青年社は灯台を日本国家に無償委譲し，その運営の責任を負った[67]。この例から明らかなように日本青年社は尖閣諸島のガバナンスに変化をもたらしたが，都知事も同じような目的をもっていたのであろう。

主権問題は従来政府の管轄下にあるが，都知事は，3島の所有権変更を提案することで，ガバナンス機能に変化をもたらそうとした。もちろん，島のガバナンスは所有者の構成によってのみ，決められるわけではない。しかし，都知事は，尖閣諸島を購入することによって，地方のレベルからリスクの再調整を行い，中国との現状を変化させようと意図したわけである。[68]

都知事は続いて，都民などにアピールし3島を購入するための大衆的な募金キャンペーンをスタートさせた。東京都民や日本各地の国民の支持を得て，2012年12月初頭までに10億5000万円の基金が集まった[69]。購入に漕ぎつけるために，東京都は個人所有者との交渉を始め，尖閣諸島の調査を行うために，中央政府からの許可を得ようとしたが，上陸は許可されなかった。それにもかかわらず，9月初めに東京都の職員や学者は尖閣に上陸することなしに，尖閣諸

島のまわりをチャーターボートで巡ることによって調査を行った[70]。都知事の提案の1つは，悪天候のために身動きが取れなくなっている日本漁民救助のための避難港を建設するというものであった[71]。尖閣諸島の調査報告はこの避難港を想定しており[72]，都知事が灯台建設と同様のやり方で，避難港を国有化するように中央政府に圧力をかけ，尖閣諸島のガバナンスを変化させようと望んでいたことがわかる。

中国との関係悪化のリスクにもかかわらず，所有者からこれら3島を買い取る交渉を野田政権が別途始めたのは，都知事のこのような行動に反応してのことである[73]。9月までに政府は都知事より優勢となり，魚釣島，南小島，北小島を20億5000万円で購入し，これら3島を国有化した[74]。野田政権は，東京都による3島購入のリスクは，政府による購入よりも大きいとみなしたようである。都知事によって集められた基金はまだ東京都の下にある[76]。

野田政権による3島の購入は中国に多様な反応を引き起こした。中国の活動家や市民は，日本の所有物を破壊し，主権国家としての日本の評判に悪影響を与えるような象徴的な行為を行って，国家，市場，社会レベルに費用や損害を生じさせている。日本大使館の外や中国の100を超える都市での抗議活動，ジャスコや平和堂といった日本の大型小売店や工場の襲撃，日本企業に対する放火に加え，日本国旗を燃やしたり，日本大使の公用車の進行を妨害したりといったことが起こった[77]。

また，政府レベルにおいては，中国の商務省において日本企業のM&A申請に遅れがみられた[78]。中国における日本企業の利益減少から明らかなように，自動車に代表される日本製品の消費者ボイコットも起こった。例えば，2012年9月には，2011年の同じ月に比べて，中国における日本車製造業の生産と販売の両方において大幅な減少が生じている。トヨタでは，生産がおよそ41.9％，販売は48.9％減少し，日産では，生産は20.4％減少，販売は35.3％減少した[79]。

中国における日本企業の損害と同様に，日本国内のビジネスも影響を受けている。これは，3島国有化の後，日本を訪れる中国の観光客が減少したことにみられる。例えば，2012年10月には，2011年の同じ月の10万6174人に比べて，観光客は6万9631人に減少した[80]。さらに，2013年の上半期に日本を訪れた総

外国人観光客数が22.8％上昇しているにもかかわらず，中国は27％下落し，主な国のなかでは唯一，減少を記録している[81]。このような観光客数の低下は，航空会社や旅行会社の利益を損なうだけではなく，例えば外食する人数の減少によるレストランへの影響といったものも引き起こす。3島の国有化の後，外食産業において前月比で2.1％の減少が起こったのは，日本を訪れる中国観光客の減少に部分的によるものであるとみられる[82]。

このような中国の行動は，世論調査にもみられるように，日本国民の間に，中国に対する親近感の低下をもたらしている。2012年11月に内閣府で行われた調査によると，「中国に親しみを感じるか？」という質問に対して，「親しみを感じる」とする者は前回の2011年10月に比べて8.3％減少，18％のみとなった。これは，1978年にこの調査が始まって以来最低の数字である[83]。80.6％の人々は，中国に親しみを感じておらず，これはまたしても1978年以来の最も悪い数値結果である[84]。また，他の国に比べても，日本人の中国に対する親近感は低い。例えば，2013年の調査によると，中国に親近感をもっている韓国人は46％，オーストラリア人は58％であったが[85]，日本人は5％という最も低い数字であった。このような中国への好意的なイメージの劇的な低下は，尖閣諸島をめぐる中国政府や中国人の行動からだけではなく，日本政府によるリスクの再調整からも生じたものである。

5　おわりに

尖閣諸島をめぐる日中の領有権係争に関するこれまでの議論は，いかに日本の境界を統治することがリスキーな状態になっているかということを明らかにした。他の多くの離島のように，尖閣諸島は無人島であるが，主権とガバナンスの両方にリスクを投げかけている。

確かに日本は，尖閣諸島の実効支配を維持している。しかし，この実効支配は，野田政権下での3島の国有化後，中国によって絶えず挑戦されており，リスクの高い状況にある。2国間で現在繰り返されている作用と反作用の連鎖は，一方で領土問題の軍事化をもたらし，地域全体の安全保障環境を悪化させた。

また他方で日本政府のガバナンス機能をさらに深刻に制限している。単純にいえば、尖閣諸島は、日本の他の地域と同じようには統治されていないのである。

　加えて、野田政権下の3島の国有化によってもわかるように、リスクは国内的にも国際的にも複雑に絡み合っている。3島の購入計画という東京都知事によってもたらされたリスクへの、野田政権の反応は、尖閣諸島周辺での中国の行動の増加をもたらした。また、日本政府による中国とのリスクの再調整に対する反応として、中国の活動家や市民によって取られた行動は市場や社会における費用や損害に帰結したが、政府はそのコストを容認したのである。

　より具体的には、本章の議論は以下のことを明らかにした。尖閣諸島における日本の実効支配は、中国船が尖閣諸島の周辺海域に入ろうとすることに対する海上保安庁の警告からみて取れるように、日本政府によるその領域に対する主権の主張を可能としている。しかしまた一方で、海上保安庁に対する中国の挑戦は、この境界が高いリスクにさらされており不安定な状態だということを示すものでもある。この不安定さは、日本主権の侵食を意味しており、主権に付随するガバナンス機能の不完全さをみせている。政府のこのようなジレンマは、2012年の衆議院議員総選挙の際の自民党のマニフェストでも明らかであり[86]、そこでは、尖閣諸島を無人島のまま残しておくという現在の政策の再検討が公約されている。今のところ安倍政権は、尖閣諸島への公務員常駐に関して何ら行動を起こしていないが、2013年2月の参議院本会議で安倍首相はこの問題に言及し、「尖閣諸島や海域を安定的に維持管理するための選択肢の1つとして考えている」と明言した[87]。6800もの他の遠隔離島がそうであるように、尖閣諸島が不居住であるということに鑑みると、そこに日本国籍の公務員が住むということは、尖閣諸島に関する日本の主権主張を強めることに寄与するであろう。しかし他方、尖閣諸島に公務員を常駐させることは、中国との紛争のリスクを増加させるであろう。安倍政権が今後どのような政策を取るにしても、少なくとも今のところ尖閣諸島を無人島のまま残してあるということは、日本のガバナンスの不完全さが続いていること、そして両国間でさらに深刻な衝突に発展するようなリスクがあることを示唆している。

　これは、領土が扱われている方法にもみて取れる。一方で、日本政府やメデ

ィアは，尖閣諸島が沖縄県石垣市に統合されているということを繰り返し述べている。これは，日本の他の地域と同様，尖閣諸島が日本主権の下にあるというディスコースを増強させるものである。1月14日は尖閣諸島が1895年に日本に編入された日なのであるが，その日を尖閣諸島開拓の日として祝う条例が石垣市議会において2010年に通過したのは，そうすることが日本の主権主張を増強するとみなされたからであろう。[88]

尖閣諸島は，石垣市に属しており，日本の税務署によって徴税されている。歴史的には，政府は尖閣諸島における商業活動から税金を徴収しており，20世紀初頭においては古賀家によって税金が支払われていた。また，より近年になってからは，私的所有にある土地に対して固定資産税が課されてきた。しかし，他方で尖閣諸島は日本国民や外国人にとって立ち入り禁止のままになっており，ガバナンス機能を担う石垣市役所職員に対してさえも立ち入り禁止のままである。これは例えば，市の職員が尖閣諸島に課せられている固定資産税の調査を行うために上陸許可を申請しても，許可が出ないことからもわかる。

ここで強調しなければならないことは，尖閣諸島のガバナンスが二重に制約されているということである。現在起こっている領有権係争の結果として中国から牽制を受けていることに加えて，日米安保条約の結果としてアメリカからも規制を受けている。日米安保条約において中心的なものである日米地位協定（Status of Forces Agreement）が，国レベルまた地方レベルにおいても，日本政府が日本の法律に従ってガバナンスを実行する能力を制限している。

それは，アメリカによって借用されている2つの尖閣の島——久場島（黄尾嶼）と大正島（赤尾嶼）——のケースのみならず，日本の他の地域におけるアメリカ軍事施設にも当てはまるのである[89]。具体的にいうと，アメリカは，射爆撃場として使用していたこれら2つの島を，35年間も使用していないにもかかわらず，返還していない。この意味で日本ではなくアメリカが久場島（黄尾嶼）と大正島（赤尾嶼）を実効支配している。同じことは，日本におけるすべてのアメリカ軍基地にも当てはまる。いい換えると，石垣市職員は，日本政府とアメリカの両方によって規制されているがゆえに，尖閣諸島に上陸することができないのである。私たちが安倍政権下で起こっているリスクの再調整の複雑性をみ

るのは，日本の領土問題が中国とアメリカ双方の利害関係に絡め取られているなかにである。

注
1) 本章は，以下の英語論文の翻訳であるが，日本の読者を念頭に若干の変更がなされている。"Japan's Risky Frontiers: Territorial Sovereignty and Governance of the Senkaku Islands," Glenn D. Hook, *Japanese Studies*, 34: 1 (2014), 1-23; Taylor & Francis www.tandfonline.com. なお，英語論文の著作権は©2014 Taylor & Francisが保有している。邦訳の本書への掲載許可は，論文著者を介して手配された。
2) 便宜上，島や領海に関して日本語表記を用いるが，これは筆者がこの論争においてある立場を取っているということを意味しない。
3) 尖閣諸島の地図については，外務省 (2013a: 6) を参照。
4) 本章は，尖閣諸島をめぐる領有権係争が，尖閣諸島における日本の主権とガバナンスに対する中国政府からの継続的な挑戦から生じているものとして，中国と日本の関係を取り上げるものである。台湾については，Lin (2014) を参照。
5) 例えば，Drifte (2013)，Hagström (2012) 参照。尖閣諸島，竹島（韓国では独島）そして北方領土（ロシアではクリル諸島）をめぐる日本の領土問題に関する異なる見方としては，O'Shea (2012) を参照。
6) 安倍 (2006)
7) Harlan (2013)
8) 野田内閣総理大臣記者会見参照。首相は，「……我が国は，世界に冠たる海洋国家であることを確認したいと思います。我が国は，国土面積でいうと世界で61番目の国ですが，領海と排他的経済水域を合わせた管理する海の広さでは世界第6位の大国となります。海の深さを計算に入れた体積では，実に世界第4位に躍り出ます。我が国を広大な海洋国家たらしめているもの，それは竹島や尖閣諸島も含めまして，6800を超える離島の数々であります」と述べている。
9) 安倍 (2013)
10) 東京新聞，2013年7月17日付け参照。
11) 詳しくは，Hook (2010) を参照。
12) 詳しくは，Hook (2012) を参照。
13) Hopkins (2012)
14) Beck (1986=1992)
15) Foucault (1976=1978: 25)
16) Burchell *et al.* eds. (1991)
17) Hook (2010: 2)
18) 詳しくは，Carleton (2005: 155-156) を参照。

19) 現在議論されている領土主張に関する異なる価値観については，Goertz and Diehl（1992）を参照．
20) 日本外務省のファクトシート（http://www.mofa.go.jp/mofaj/area/senkaku/qa_1010.html）を参照．また，Dumbaugh et al.（2001）も参照．論争に深入りせずとも，日本への沖縄返還交渉と同じ時期にこれらの主張が出てきたということは，注目すべきである．この議論については，Pan（2007: 73-74）を参照．漁業権は中国にとっても重要である．Mallory（2013）を参照．
21) 尖閣諸島の8つの無人島や岩は名前がつけられているが，名前のない無人島や岩もたくさん残っている．現在，政府は名前をつけているところである．これは，日本の海洋資源を発展させるために2007年に議会を通過した法律に起因している．首相官邸，海洋基本計画を参照．
22) これらの2つの対照的な論議について，以下のものを参照．井上（2012）は，中国の主張に支持を与えている．一方，原田（2006）と緑間（1984）は，沖縄の歴史と国際法に基づいてこの解釈を疑問視している．特に原田（2006: 16）を参照．同様に，台湾の主張に関してはShaw（1999）を参照．
23) Lee and Ming（2012）
24) 具体的には，日本が実効支配を維持しているので，中国か台湾が原告として訴訟を起こさなければならない．国際司法裁判所や国連海洋法条約に基づいて係争を申し立てることにより，領有権の問題を取り上げることができる．日本政府は国際司法裁判所の判決を遵守することに同意しているが，これは，「1958年9月15日以後の事態又は事実に関して同日以後に発生するすべての紛争であって他の平和的解決方法によって解決されないもの」についてのみ適用される．国際司法裁判所宣言を参照．尖閣諸島に関する主張の法的含意に関する考察として，芹田（2010），Ramos-Mrosovsky（2007-2008），Shaw（1999）を参照．
25) 外務省の立場は「領有問題は存在せず，解決すべき領有問題はそもそも存在しない」というままであるが，民主党の鳩山由紀夫元首相のように，この立場を疑問視する声も上がっている．日本経済新聞，2013年1月17日付け，読売新聞，2013年6月26日付け参照．さらに，安倍政権下でも，連立与党の山口那津夫公明党代表が，2013年1月に訪中した際に，「領有問題が存在しない」という立場を問題視したが，政治的な圧力がかけられ，すぐに従来の立場に戻った．読売新聞，2013年1月23日付け参照．
26) 緑間（1984: 74-83）
27) 朝日新聞，2012年10月31日付け参照．
28) 潜在主権の概念については，Eldridge（2001: 325-327 = 2003: 221-228）を参照．
29) Dumbaugh, et al.（2001: 22）
30) 2013年8月に首相は尖閣問題を考慮に入れ，内閣官房の安全保障・危機管理担当審議官として自衛隊高級幹部（空将補）を初めて起用した．以前は，最も地位の高い役職で「2佐」であった．琉球新報，2013年8月10日付け参照．

31) 詳しくは，海上保安庁（2013）参照のこと。安倍政権内には憲法第9条の新解釈で集団的自衛権をめぐって，日本領海を守るために海上保安庁の部隊だけではなく，自衛隊を積極的に活用する意見が強い。武力攻撃に至らない，いわゆる「グレーゾーン」事態に自衛隊を活用する可能性が伺える。
32) 産経新聞，2012年11月19日付け参照。
33) 産経新聞，2013年1月21日付け参照。
34) 2013年8月，3隻の中国漁船が25時間尖閣領海に留まることによって，14時間6分という記録を更新している。産経新聞，2013年8月9日付け参照。また，海上保安庁の「尖閣諸島周辺海域における中国公船等の動向と我が国の対処」，中国公船等による尖閣諸島周辺接続水域内入域及び領海侵入隻数〈月別〉。http://www.kaiho.mlit.go.jp/senkaku/index.html を参照。
35) 産経新聞，2013年7月19日付け参照。
36) 産経新聞，2013年7月24日付け参照。新しい中国海洋局についての詳細は，Defense News, 'China Unveils.' を参照。
37) 朝日新聞，2013年1月16日付け参照。
38) 防衛省（2013a: 38）を参照。また，朝日新聞，2013年7月9日付け参照。
39) 防衛省（2013b）を参照。
40) 防衛省（2013a），特に第一部第1章第3節中国を参照。
41) 防衛省（2012）を参照。
42) 例えば，読売新聞は訪日中のオバマ米大統領がインタビューに答えて，尖閣諸島は「日米安全保障条約第5条の適用範囲内にある」と明言したと報じている。読売新聞，2014年4月23日付け参照。オバマ米大統領は，中国が領有権を主張する尖閣諸島について読売新聞の質問に答え，「我々は，これらの島々の日本の施政を阻害するいかなる一方的な試みにも反対する」と述べた。
43) Sato（2013）
44) 2013年の新しい防衛計画大綱は，日本の島嶼部を防衛するために航空機や艦艇，ミサイル等による攻撃への対処能力を強化すると述べている。http://www.mod.go.jp/j/approach/agenda/guideline/2014/pdf/20131217.pdf参照。
45) しんぶん赤旗，2013年10月25日付け参照。
46) 朝日新聞，2010年12月24日付け参照。
47) 内閣府（2012）を参照。
48) 産経新聞，2013年7月25日付け参照。詳しくは防衛省（2013c）を参照。
49) 沖縄防衛局広報146号（2013年7月1日），6ページ参照。また，八重山毎日新聞，2014年2月12日付け，八重山毎日新聞，2014年3月14日付け参照。
50) 八重山毎日新聞，2013年8月7日付け，2013年8月13日付け参照。
51) 八重山毎日新聞，2013年8月7日付け参照。
52) 毎日新聞，2013年1月16日付け，沖縄タイムス，2013年1月15日付け参照。この提案は，沖縄県政（当時の琉球政府）と中央政府の間で下地島空港を軍事目的で

利用しないという覚え書き（いわゆる，「屋良覚え書き」）が存在するにもかかわらずである。詳しくは，衆議院の照屋寛徳，「いわゆる「屋良覚書」に関する質問主意書」を参照。
53) 東シナ海での現状を変化させるために圧力をかけることを非難してなされた2013年7月29日のアメリカ上院における全員一致の決議について，連邦議会の議事録を参照。「上院は，南シナ海・東シナ海の現状変更につながる海洋や領土の主張を行うことを目的として，海軍艦船や漁船，軍民の航空機による軍事力や強制力，脅迫手段を使うことを非難する」。Pacific News Center (2012) を参照。
54) 中国への経済依存によるアメリカの行動制限に関する詳細は，矢吹 (2012) を参照。
55) 読売新聞，2012年10月20日付け参照。
56) 外務省，Recent Developmentsは，Smith (2012: 374) と同様に「衝突」としている。中国漁船が海上保安庁の船に体当たりした事件のYouTube (2010) 動画は，海上保安庁の一員によって流出されたが，この動画を多くの人は意図的な衝突とみている。
57) 詳しくは，Hagström (2012) を参照。
58) 安倍首相国会演説，2011年11月24日を参照。
59) 毎日新聞，2010年12月6日付け参照。
60) Japan Tourism Marketing Corporation，本国向け統計参照。
61) 日本へのレアアースの輸出制限が，どの程度船長逮捕に対する報復とみられるかについての議論は，Hagström (2012) を参照。
62) 2013年8月15日という終戦記念日に，香港保釣行動委員会の活動家によって計画された島への再上陸という試みは，船の安全証明を認めなかった香港政府の拒否によって実現しなかった。朝日新聞，2013年8月9日付け参照。
63) 東京新聞，2012年8月16日付け参照。
64) 沖縄タイムス，2012年8月20日付け参照。
65) Ishihara (2012)
66) 殿岡 (2010)
67) 殿岡 (2010: 239-280)
68) 当時，4島が私的所有であったことに注意すべきである。1人の所有者の管轄下にあった3島が，都知事によって標的にされた。4番目の島は私的所有のままであり，上述したようにアメリカに賃借されている。
69) 毎日新聞，2012年9月11日付け参照。
70) 東京都 (2012a) を参照。
71) 東京新聞，2012年10月27日付け参照。
72) 東京都 (2012b) を参照。
73) 例えば，読売新聞，2012年9月6日付け参照。
74) 島の購入に関する，野田政権と石原都政の異なるアプローチについては，朝日新

聞，2012年9月3日付け参照．
75）　毎日新聞，2012年9月11日付け参照．
76）　基金が2013年1月31日に締め切られたが，それをどうするかについては，未だ何も決まっていない．詳しくは，東京都（2012a）を参照．
77）　詳しくは，毎日新聞，2012年9月17日付け参照．
78）　産経新聞，2012年11月21日付け参照．
79）　日本経済新聞，2012年10月27日付け参照．
80）　Japan Tourism Marketing Corporation，本国向け統計参照．
81）　産経新聞，2013年7月25日付け参照．
82）　産経新聞，2012年11月27日付け参照．
83）　内閣府（2013）を参照．
84）　産経新聞，2012年11月25日付け参照．
85）　Pew Research Center（2013）
86）　自由民主党，マニフェスト参照．
87）　産経新聞，2013年2月2日付け参照．
88）　これは，北方領土の日（2月7日），竹島の日（2月22日）という他の2つの領土問題にちなむ記念日の宣言に倣っている．
89）　詳しくは，本間（1996），琉球新報社編（2004）を参照．

参考文献
安倍晋三，2006，『美しい国へ』文藝春秋．
国会速報，2012，「11月24日安倍晋三自民党総裁街頭演説吉祥寺」2012年12月9日（2013年8月2日取得，http://kokkai-sokuhou.iza.ne.jp/blog/entry/2948525/）．
Abe, Shinzō, 2013, "Asia's Democratic Security Diamond," Project Syndicate (Retrieved August 2, 2013, http://www.project-syndicate.org/commentary/a-strategic-alliance-for-japan-and-india-by-shinzo-abe).
Beck, Ulrich, 1986, Risikogesellschaft: *Auf dem Weg in eine andere Moderne*, Suhrkamp Verlag.（=1992, *Risk Society: Towards a New Modernity*, Mark Ritter trans., Sage）（=1998, 東廉・伊藤美登里訳『危険社会――新しい近代への道』法政大学出版局）
防衛省，2012，「平成24年度版防衛白書」（2013年8月5日取得，http://www.clearing.mod.go.jp/hakusho_data/2012/w2012_00.html）．
防衛省，2013a，「平成25年度版防衛白書」（2013年8月5日取得，http://www.mod.go.jp/j/publication/wp/wp2013/pc/w2013_00.html）．
防衛省，2013b，「平成26年度以降に係る防衛計画の大綱について」（2014年5月29日取得，http://www.mod.go.jp/j/approach/agenda/guideline/2014/index.html）．
防衛省，2013c，「我が国の防衛と予算――平成26年度概算要求の概要」（2014年5月30日取得，http://www.mod.go.jp/j/yosan/2014/gaisan.pdf）．

防衛省・自衛隊, 2013, 「防衛力の在り方検討に関する中間報告について」(2013年8月5日取得, http://www.mod.go.jp/j/approach/agenda/guideline/2013_chukan/gaiyou_j.pdf)

Burchell Graham, Colin Gordon and Peter Miller eds., 1991, *The Foucault Effect*, University of Chicago Press.

Carleton, Chris, 2005, "Maritime Delimitation in Complex Island Situations: A Case Study on the Caribbean Sea," Rainer Lagoni and Daniel Vignes eds., *Maritime Delimitation*, Martinus Nijhoff Publishers.

Congressional Record, 29 July 2013 S6027. (Retrieved August 6, 2013, http://beta.congress.gov/crec/2013/07/29/CREC-2013-07-29.pdf).

Defense News, 2013, "China Unveils Coast Guard to Handle Sea Conflict" (Retrieved August 5, 2013, http://www.defensenews.com/article/20130723/DEFREG03/307230021/China-Unveils-Coast-Guard-Handle-Sea-Conflict).

Drifte, Reinhard, 2013, "The Senkaku/Diaoyu Islands Territorial Dispute between Japan and China: Between the Materialization of the China Threat and Japan Reversing the Outcome of World War II?," *UNISCI Discussion Papers*, 32: 9-62 (Retrieved August 1, 2013, http://pendientedemigracion.ucm.es/info/unisci/revistas/UNISCIDP32-NUMERO%20ENTERO.pdf).

Dumbaugh, Kerry, David Ackerman, Richard Cronin, Shirley Kan and Larry Niksch, 2001, "China's Maritime Territorial Claims: Implications for US Interests," *Congressional Research Service Report for Congress*, http://wikileaks.org/wiki/CRS:_China's_Maritime_Territorial_Claims:_Implications_for_U.S._Interests,_November_12,_2001 (Retrieved August 3, 2013).

Eldridge, Robert D., 2001, *The Origins of the Bilateral Okinawa Problem, Okinawa in Postwar U.S.-Japan Relations, 1945-1952*, Routledge. (=2003, ロバート・D・エルドリッヂ『沖縄問題の起源――戦後日米関係における沖縄1945-1952』名古屋大学出版会)

Foucault, Michel, 1976, *La volonté de savoir: Histoire de la sexualité, Volume 1*, Gallimard. (=1978, Robert Hurley trans., *The History of Sexuality: Volume 1 An Introduction*, Penguin Books) (=1986, 渡辺守章訳『性の歴史Ⅰ　知への意志』新潮社)

外務省, 2010, 「最近の日中関係――尖閣諸島をめぐる基本情報及び最近の中国漁船衝突事件」(2013年8月5日取得, http://www.mofa.go.jp/mofaj/area/china/pdfs/senaku-gyosen_1010.pdf)

外務省, 2013a, 「尖閣諸島について」(2013年8月1日取得, http://www.mofa.go.jp/mofaj/area/senkaku/pdfs/senkaku.pdf)。

外務省, 2013b, 「尖閣諸島情勢に関するQ&A」(2013年8月1日取得, http://www.mofa.go.jp/mofaj/area/senkaku/qa_1010.html)。

Goertz, Gary and Diehl F. Paul, 1992, *Territorial Changes and International Conflict*, Routledge.

Hagström, Linus, 2012, '"Power Shift" in East Asia? A Critical Reappraisal of Narratives on the Diaoyu/Senkaku Islands Incident in 2010,' *The Chinese Journal of International Politics*, 5: 267-297.

原田禹雄，2006，『尖閣諸島──冊封琉球使録を読む』榕樹書林。

Harlan, Chico, 2013, "Japan's Parliamentary Election Could Bring Big Win for Able, Political Stability for Country," *The Washington Post* (Retrieved August 2, 2013, http://primarya.washingtonpost.com/world/japan-election-could-bring-political-stability/2013/07/19/02bfd012-ef91-11e2-bb32-725c8351a69e_story_1.html).

本間均，1996，『在日米軍地位協定』日本評論社。

Hook, Glenn D, 2005, *Contested Governance in Japan: Sites and Issues*, Routledge Curzon.

Hook, Glenn D, 2010, "Risk and Security in Japan: From the International to the Societal," *Japan Forum*, 22 (1-2): 139-148.

Hook, Glenn D, 2012, "Recalibrating Risk and Governing the Japanese Population: Crossing Borders and the Role of the State," *Critical Asian Studies*, 44 (2): 309-327.

Hopkins, Paul, 2012, *Fundamentals of Risk Management. Understanding, Evaluating and Implementing Effective Risk Management*, Kegan.

井上清，2012，『「尖閣」列島──釣魚島の史的解明』第三書館。

International Court of Justice, 2007, Declarations Recognizing the Jurisdiction of the Court as Compulsory (Retrieved August 5, 2013, http://www.icj-cij.org/jurisdiction/index.php?p1=5&p2=1&p3=3&code=JP).

Ishihara, Shintaro, 2012, "The US-Japan Alliance and the Debate Over Japan's Role in Asia" (Retrieved August 2, 2013, http://www.heritage.org/events/2012/04/shintaro-ishihara (video recording)).

Japan Tourism Marketing Corporation. Inbound Statistics, 7 November 2012 (Retrieved August 5, 2013, http://www.tourism.jp/en/statistics/inbound/).

自由民主党，2012，「J-ファイル2012自民党マニフェスト──日本を，取り戻す」(2013年8月3日取得，http://jimin.ncss.nifty.com/pdf/j_file2012.pdf)。

海上保安庁，2013，「海上保安庁法及び領海等における外国船舶の航行に関する法律の一部を改正する法律案について」(2013年8月5日取得，http://www.kaiho.mlit.go.jp/info/kouhou/h24/k20120228/k120228-1.pdf)。

Lee, Ivy and Fang Ming., 2012, "Deconstructing Japan's Claim of Sovereignty over the Diaoyu/Senkaku Islands," *The Asia-Pacific Journal: Japan Focus*, 10 (53): 1 (Retrieved August 3, 2013, http://www.japanfocus.org/-Fang-Ming/3877).

Lin, Man-Houng, 2014, "Taiwan and the Ryukyus (Okinawa) in Asia-Pacific Multilateral Relations — A Long-term Historical Perspective on Territorial Claims and Conflicts," *The Asia-Pacific Journal: Japan Focus Newsletter*, No. 21（2014年5月26日）（2014年5月28日取得，http://www.japanfocus.org/home）.

Mallory, Tabitha G, 2013, "China's Distant Water Fishing Industry: Evolving Policies and Implications," *Marine Policy*, 38: 99-108.

Mansfield Foundation (The Maureen and Mike Mansfield Foundation), 2010, December 2010 Asahi Shimbun Interview Survey (Retrieved August 3, 2013, http://mansfieldfdn.org/program/research-education-and-communication/asian-opinion-poll-database/listofpolls/2010-polls/december-2010-asahi-shimbun-interview-survey/).

緑間栄，1984，『尖閣列島』ひるぎ社（おきなわ文庫）。

Ministry of Defense, 2013, Defense of Japan 2013 (Retrieved August 5, 2013, http://www.mod.go.jp/e/publ/w_paper/2013.html).

Ministry of Foreign Affairs, 2012, "Fact Sheet on the Senkaku Islands" (Retrieved August 1, 2013, http://www.mofa.go.jp/region/asia-paci/senkaku/fact_sheet.html).

内閣府，2012，「自衛隊，防衛問題に関する世論調査2012年1月」（2013年8月2日取得，http://www8.cao.go.jp/survey/index-all.html）。

内閣府，2013，「外交に関する世論調査2012年10月」（2013年8月2日取得，http://www8.cao.go.jp/survey/index-all.html）。

Noda, Yoshihiko. Press Conference by Prime Minister Yoshihiko Noda, 24 August 2012. http://www.kantei.go.jp/foreign/noda/statement/201208/24kaiken_e.html (Accessed 2 August 2013).（=首相官邸，2012，「平成24年度8月24日野田内閣総理大臣記者会見」（2013年8月2日取得，http://www.kantei.go.jp/jp/noda/statement/2012/24kaiken.html）

沖縄防衛局広報，第146号（2013年7月1日）（2014年5月28日取得，http://www.mod.go.jp/rdb/okinawa/05haisai/h25/pdf/146.pdf）。

O'Shea, Paul, 2012, "Playing the Sovereignty Game: Understanding Japan's Territorial Disputes," PhD dissertation, The University of Sheffield, Unpublished.

Pacific News Center, 2012, "Senate Approves Webb Amendment to Reaffirm U.S. Commitment to Japan on the Senkaku Islands"（2013年8月3日取得，http://www.pacificnewscenter.com/index.php?option=com_content&view=article&id=29470:senate-approves-webb-amendment-to-reaffirm-us-commitment-to-japan-on-the-senkaku-islands&catid=45:guam-news&Itemid=156）.

Pan, Zhongqi, 2007, "Sino-Japanese Dispute over the Diaoyu/Senkaku Islands: The Pending Controversy from the Chinese Perspective," *Journal of Chinese Political Science*, 12 (1): 71-92.

Pew Research Center Global Attitudes Project, 2013, "Global Image of the United

State and China"(Retrieved August 2, 2013, http://www.pewglobal. org/2013/07/18/global-image-of-the-united-states-and-china/).

Prime Minister's Office, 2008, Basic Plan on Ocean Policy (Retrieved August 3, 2013, http://www.kantei.go.jp/jp/singi/kaiyou/kihonkeikaku/080318kihonkeikaku_E.pdf).(＝首相官邸，2008,「海洋基本計画」(2013年8月3日取得，http://www.kantei.go.jp/jp/singi/kaiyou/kihonkeikaku/080318kihonkeikaku.pdf))

Ramos-Mrosovsky, Carlos, 2007-2008, "International Law's Unhelpful Role in the Senkaku Islands," *University of Pennsylvania Journal of International Law*, 29(4): 903-946.

琉球新報社編，2004,『日米地位協定の考え方──外務省機密文書』琉球新報社．

Sato, Manabu, 2013, "The Marines will not Defend the Senkakus," *The Asia-Pacific Journal*, 11, 27, 2, 8.

芹田健太郎，2010,『日本の領土』中央公論新社．

Shaw, Han-yi, 1999, *The Diaoyutai/Senkaku Islands Dispute: Its History and an Analysis of the Ownership Claims of the P. R. C., R. O. C., and Japan*, Maryland Series in Contemporary Asian Studies, 3(1): 1-148.

首相官邸，2012,「排他的経済水域（EEZ）外縁を根拠付ける離島の地図・海図に記載する名称の決定について」2012年3月2日（2013年8月3日取得，http://www.kantei.go.jp/jp/singi/kaiyou/ritouhoushin/meisyou120302.html)．

Smith, Sheila A., 2012, "Japan and the East China Sea Dispute," *Orbis*, 56(3): 370-390.

照屋寛徳（2013年1月30日）,「いわゆる「屋良覚書」に関する質問主意書」衆議院，質問本文情報（2014年5月30日取得，http://www.shugiin.go.jp/internet/itdb_shitsumon.nsf/html/shitsumon/a183006.htm)．

殿岡昭郎，2010,『尖閣諸島──灯台物語』高木書房．

東京都，2012a, 東京都尖閣諸島ホームページ（2013年8月3日取得，http://www.chijihon.metro.tokyo.jp/senkaku/kifu-osirase.html)．

東京都，2012b, 東京都尖閣諸島ホームページ：東京都尖閣諸島現地調査報告書（2013年8月3日取得，http://www.chijihon.metro.tokyo.jp/senkaku/download/report1.pdf)．

矢吹晋，2012,『チャイメリカ──米中結託と日本の進路』花伝社．

YouTube, 2010, Chinese Fishing Boat Rams the Japan Coast Guard's Ship (Retrieved August 3, 2013, http://www.youtube.com/watch?v=lv031K_lV4I).

第5章
支配的ディスコースにおけるリスク減衰
朝日・読売新聞における東電原発危機初期報道の比較から

ピアーズ・R・ウィリアムソン（長島美織訳）

1 はじめに

人間はいつも多くの危険(danger)に直面してきた。しかし，近代の社会が，機能的に科学と技術に依存するようになるにつれて，人工物の使用や誤用によって引き起こされた危険は，ますます人々の注意を引くものになっている。主な事例としては水俣病(1956)，サリドマイド事件(1962)，スリーマイル島原発事故(1979)，ボパール化学工場事故(1984)，チェルノブイリ原発事故(1984)，エクソンバルディーズ号原油流出事故(1989)，ヨーロッパのBSE問題(1986～1996)，東海村JCO臨界事故(1999)，日本のBSE問題(2001)，そして東京電力株式会社(東電)の福島原発事故(2011)である。これらの危険は，自然や運命というよりは人間の行為から生まれたものであり，それゆえ社会的な損害(harm)に対する責任という政治的な問題が浮上する。

本章の目的は，将来に起こりうる社会的損害——通常「リスク」という言葉で知られるものであるが——に関して3.11直後から起こったコミュニケーションを調べることである。具体的には，朝日新聞と読売新聞の東京版において，東京電力福島第一原子力発電所事故の危機(crisis)に関連したリスクの表象を調査することになる。焦点は，3月12日の朝刊・夕刊および3月13日の朝刊の報道にあるが，これらの報道は，1号機の最初の爆発の直前と直後の報道となる。この初期の時間枠において現れた，原発危機に関連する主要な記事の比較分析を意図している。ここでリスクは，将来の深刻な事態に関しては，その発生可能性における不確実性を強調するために用いられ，他方，健康被害に関しては，深刻な影響はないという確実性を強調するために用いられており，この初期報道が，今回の出来事に関して誤解を招くようなものであったと主張する。

以下第2節において，まず，リスクが危険とどのように違うのかということから始め，概念としてのリスクの意味を概観する。次に，リスクの社会的増幅理論(Social Amplification of Risk Framework, SARF)を参照しつつ，新聞報道におけるリスクコミュニケーションについて考察する。この本全体の焦点が，近

代におけるリスクの多様な政治的現れであることを踏まえた上で，本章では，リスクコミュニケーションは，リスクを増幅したり，減衰したりするための権力の1つの型をなしていると論ずる．本書第2章は科学によるリスク配分を，そして第3章，第4章は国家を通じてのリスク配分に関する政治権力を分析しているのに対し，本章では，いかに権力はディスコースを通して作動し，そしてマスメディアを通して伝播されるかを分析することになる．このような理論的な基礎を置いた後，第3節では，3.11において東電の第一原子力発電所で起こったことの事実的な背景について簡略に述べる[1]．

これらを基に，第4節，第5節で2つの新聞に掲載された記事のディスコースを分析することになる．第4節は，1号機の爆発直前の3月12日の朝刊・夕刊を，そして第5節は，爆発直後の3月13日朝刊を扱っている．それぞれの記事の内容を述べた上で，それらのディスコースがどのようにリスクの減衰に作用しているのか，そしてそれゆえに，どのように人々の危険を見逃しているのかを論ずる．これらの分析に基づいて，第6節で結論として，得られた主な知見をまとめる．

2　理論的背景

リスク管理におけるリスクの標準的，技術的な定義は，「可能性×結果の重大性」である[2]．通常，客観的なリスクが存在すると考えられているが，「いわゆる客観的なリスクも多くの判断の要素を含んでいる．客観的リスクは，最も優れた技術的専門家の認識を表しているにすぎない[3]」．リスクというのは，したがって，客観的な害についての認識論的な立場となる[4]．ローザは，これをまとめて「人々に対する客観的な脅威や損害として，リスクは存在論的なリアリズムを獲得する．社会や文化の要因によって解釈される世界の要素としてリスクは，認識論的な易変性を獲得する[5]」と述べている．ローザにとって，リスクの概念が使われるとき，その人は世界についての「知的主張[6]」(knowledge claim) をしていることになる．しかし，ローザは，人が絶対的な知識をもつことができないという事実は，すべての知的主張が同等の価値をもつということ

を意味するわけではないと強調する。他に比べてより正確な知識というものがあり，したがって，リスクについての主張に関しても，他のものに比べてより正確でより妥当なものがある。

　リスクについてのこのような考え方は明確さを与えるが，2つの問題が残っている。1つ目は，私たちは結果が現実のものとなるまではその知的主張がどのくらい正確なのかを知ることができない。そして，それさえもすべての結末が記録され理解されるということを前提としている。しかし，それはあるとしても滅多にあることではない。2つ目に，リスクの知的主張は，可能性によっているのでそれはいつも「作り話的なもの」(fictitious)に留まる。なぜなら，出来事というのは，可能性がある／ないという形で存在するわけではなく，それらは起こるか／起こらないか，なのだ[7]。例えば，雨は降るか／降らないかなので，雨は0％の存在機会があるか100％の存在機会があるかだけである。つまり，20％の雨の確率というのは，単に100％というよりは0％に近いというように考えられているということにすぎない。

　リスクの合理性（世界についてあなたがどのように考えているか）を使うということは，したがって，あなたが認めるか認めないかは別として，初めから何が起こるのかを確実に知っているわけではなく，作り話的な用語で考えることを認めることになる。アダムズは以下のように述べている。

　　「リスク」はそれを計ろうと思う人たちの多くによって，将来の出来事の効
　　用と可能性の積として，定義されている。未来は，不確かで避けようもなく
　　主観的だ。それは，予期しようとする試みにおいて人々の心の中に存在する
　　しかないのだ。私たちの予期は，過去の経験を未来に投企することによって
　　形作られ，私たちの行動は，私たちの予期によって導かれている[8]。

いい換えれば，ルーマンが結論づけるように，リスクは，「つまるところ時間に関する計算」[9]なのだ。

　リスクという形式でなされた知的主張の，このような避けがたい弱点にもかかわらず，リスクという概念は，しばしば専門性や可能な出来事を管理する能

力を強調するために用いられてきた。[10]確率計算のなかにその起源があるので，リスクは計算や計測可能性，そして制御といった科学的なオーラを醸し出している。[11]これは，危険という概念と対照的であるが，両者とも筆者が損害と呼ぶところのものと関係している。損害という言葉は，実際の，または客観的に起こるダメージを指している。ルーマンは，[12]危険は外的な原因により起こりうる損害であるとしており，一方でリスクは決定によって起こりうる損害であるとしている。このように，リスクというのは決定や支配といった概念に基づいているので，ルーマンは，[13]決定者はしばしば第1のリスクを防ぐために第2のリスクを取り，それによって，リスクのサイクルを作り出すと述べている。[14]

リスクと危険

リスクと危険の違いは重要なものである。なぜならリスクにおいては，決定者に責任を帰属させることができるからである。損害を回避するための決断をするとき，その人は，損害を危険からその人にとってのリスクに，変換することができる。しかし，決断をする人と決断によって影響を受ける人は，通常その決断を異なった視点からみるものである。[15]これは，必ずしも対立を生み出すものではないが，決定者によって取られたリスク，そしてそれによって生じる損害というのは，影響を受ける人にとっては危険だという問題は残っている。それは，影響を受ける人が，決定者はそれをリスクとみなしているということを知っているとしても，なお生じる問題である。可能な損害は，それについての知識を表現したり，伝達したりすることができるところでは，決断を要求するリスクとなり，そこではリスクは「現実になりつつあるもの」に関するものになる。[16]

損害に関する決定者と被影響者という視点の違いに加えて，アダムズは，リスクという概念は報酬（reward）という概念をも含意しているとして，「リスク理論の最初の出発点というのは，みんなが進んでリスクを取るということに違いないのだ。もっともこれは，リスクに関する学術文献の出発点とはなっていない」[17]と指摘している。これは，リスクと危険の違いを際立たせるのに役立つ重要な観察だ。リスクを取る決定者は，その見返りを求めているからそうする

のであり，対照的に，危険にさらされている人というのは，そういう報酬を期待することはできないのだ。

一般的にいって，ベックは[18]，危険とリスクの違いというのは，より広い社会的な対立のなかに反映されているという立場を取っている。それは，自分が制御することのできない危険にさらされていることを強調する素人たちの社会的な合理性と，リスクを計算したり，制御することができる能力を強調する専門家の科学的合理性との間の衝突であると考えられている。ベックは以下のように指摘している。

「リスク」はもともと制御の概念を含んでいる。前近代的な危険は，自然や神や悪魔に由来するものとされてきたが，リスクは現代的な概念である。それは，決定ということを前提としている。「リスク」という言葉を口に出すやいなや，私たちは，計算できない未来を計算し未来を植民地化しようとしているということになる。[19]

可能な損害をリスクとして形式づけることは，合理的で科学的な箱の中にそれを埋め込むための多義性を減らす1つの手法として働くのである[20]。したがって，物質的な損害が存在し，そして「専門家システム」(export systems)[21]によってそれが生産される際に重要な問題となるのは，マスメディアという「定義の関係」(relations of definition)を通して，どのような損害の可能性がリスクとして選ばれ人々に伝えられるか，ということである[22]。

リスクコミュニケーション── SARF ──

リスクコミュニケーションの含意について多くの研究が行われているが，そのうち，よく知られているのは，SARFである[23]。この枠組みは，なぜ「取るに足らない物理的な結果を伴うリスクが，たびたび人々の強い関心を呼び起こし，そして非常に大きな社会的影響を与えるのか[24]」ということを調べている。「増幅」の強調にもかかわらず，その枠組みは専門家が高いリスクと認めている事柄を素人が矮小化するという「減衰」の過程も含んでいる[25]。彼らは，「増幅」

や「減衰」といったメタファーが,リスクの「真の唯一の基本形」があるということを含意するために構想されているわけではなく,むしろリスクに関する初期の評価が,社会的なプロセスにさらされるなかでいかに変化するかということに関心をもっていると述べている。[26] SARFでは,専門家と素人は両方とも偏見にさらされており,そして,まったく妥当な理由から,素人は専門家とは異なった視点でリスクをみるということが受け入れられている。[27]

　SARFはリスクコミュニケーションを,2つの段階からなるものとして捉えている。つまり,「リスクとリスク事象に関する情報の受け渡しと,社会の応答のメカニズム」である。[28] リスクやリスク事象に関するコミュニケーションは,多くの場合相互に関連するチャンネル——それは人々の間の個人的な相互作用から政府の発表といったところまで及ぶ——を通じてフィルターされている。そして「増幅」ということが起こるとき,それは,個人やグループや,ときには全社会の反応を引き起こすが,このような反応は,2次的な波及効果(ripple effects)によってもとの状況をかえって悪化させる可能性をもつ。

　本章は,この情報移転(transfer of information)の最初の段階を調べるものである。この段階で重要なのは,マスメディアによるリスクコミュニケーションである。それらはリスク情報の唯一の源ではないが,重要なものの1つである。[29] 東電の原発危機は人々によって引き起こされたリスクの「増幅」——これはSARFにおいて従来から主な焦点となっていたものである——ではなく,専門家によるリスク「減衰」の事例となる。

ディスコース,リスク,権力

　リスクのコミュニケーションと社会的な応答との関係というのは,権力に関する問いを引き起こす。フーコーは,近代国家によって権力の形態として使われた,リスクの歴史的な使用に焦点を当てた。[30] フーコーにとって,国家自身の利益のために「人口」の福祉を支配管理するという16世紀ヨーロッパにおいて生じたことは,「近代的なガバメンタリティ,つまり自律的(強調——原著者)合理性の出発点」となっている。そしてそれは,「無限の,予測ができず別様でもありうる状況に対する適切な行為を詳しく計算すること」に関することで

あった。ガバメンタリティ（governmentality）の広がりを考える際，フーコーは権力の履行においてディスコースが主要な鍵を握ると考えた。フーコーは，ディスコースは理解を反映し，それを広く拡散させるということを主張した。ディスコースは，「結果的にそれが存在する瞬間から権力への問いを引き起こす資源であり，もともと闘争，つまり政治的な闘争の的となる性質の資源」なのである。

フーコーはディスコースを，一連の文章をまとめる法則であるディスカーシブ・フォーメーション（discursive formation）に基づくものであると理解している。ディスコースは，「1つのシステムの形成に属する一連のまとまった文章」として定義されうる。より簡単に述べると，ディスコースは，ある種の文を可能とし，他の文の可能性を限定するものである。したがって，あることは経済的なディスコースのなかでいえるが，医学的ディスコースや教育的ディスコースでは言えず，その逆も真である。ディスコース上の変化は，権力関係を構成し，その権力関係をみせるものである。例えば，新自由主義イデオロギーによる経済的なディスコースからの「顧客」という言葉が，教育や医学のディスコースにおいて，学生や患者という言葉の代わりに使われるということは，それまでは経済とは別ものと考えられてきた領域に，経済的な基準が，ディスコースに埋め込まれる形で，導入されていることを示している。

リスクのディスコースにおいても，幾つかの政策は他のものに比べてより適切なものとなる。スローヴィックが以下のように述べている。

　……損害は実際のものであるが，リスクは社会的に作られたものである……。リスクの定義を制御するものは誰でも，今直面している問題の合理的な解決方法を支配しているのだ。もし，リスクがある方法で定義されるならば，最も費用対効果があり，安全で最もよいものとして，ある種の選択が浮かび上がってくる……。リスクを定義することはしたがって，権力を行使することなのだ。

メディアとフレーミング

　これは「ニュースメディアが，ともすれば多様な参加者が有利性を競う戦場となる傾向がある」[35]なかで，リスクのコミュニケーションのなかに反映されている。支配的ディスコースや受け入れ可能な政策を確立するための，メディアにおける闘争の主な参加者は，この研究においては国家（選挙で選ばれた政府という意味だが）と関連省庁である。与党・民主党（当時）によって取られたリスク管理のアプローチや，マスメディアでリスクを伝えることによって権威を維持しようとした原子力安全に関する諸機関は，ダグラスとウィルダフスキー(1983)[36]によって主張された権威主義者の文化を体現するものとみることができる。

　『リスクと文化』で，ダグラスとウィルダフスキーは，リスク認知と社会支配への態度との関連を調査している。異なる文化は，異なるリスク認知を増進すると論じるなかで，ダグラスとウィルダフスキーは，権威主義者は中央集権的な官僚主義的反応を通じて，リスクを制御しようとすると主張している。アダムズは，権威主義的な態度を以下のようにまとめている。

　　権威主義者は，リスク規制に関して，パターナリスティック〔父権主義的な〕な対応を採用する。人は，他人をリスクにさらすような行為をやめるように忠告・禁止されなければならないばかりではなく，その人自身もそのような行為から保護されなければならない。[37]

権威主義的な信条は，したがって自然に，中央集権的で司法的な支配を最大化する方向に傾くことになる。

　しかしながら，筆者はさらに進んで，権威主義的態度は，朝日と読売によって提供されている「戦場」のなかで，国家によって主張されているだけでなく，これら2つの新聞それ自体のなかで使用されるディスコースによっても推進されたと主張する。それは新聞自体のフレーミングの中に認められる。

　フレーミングという考え方は，ゴフマンの先駆的な研究によっている。[38] 彼は，人々が世界に意味を与えることができるのは，混乱した状況を理解可能にする

第5章　支配的ディスコースにおけるリスク減衰　139

ようなフレームを通してのみであると論じている。彼は,「基本的なフレーム」という概念を提供し,それは,「ある状況において,さもなければ意味をもたなかったであろうものを,意味のあるものに変えるものである」としている[39]。より組織だったフレームもあればそうでないものもあるが,しかし,「基本的なフレームはそれを用いる人に,それ自体では無限の現象のようにみえるものにラベルをつけたり,同定したり,認識したり,位置づけたりすることを可能にしている[40]」。人々がどのように世界を理解するのかを規定する基本的なフレーミングにおいて,マスメディアのディスコースが重要な役割を果たすということは広く受け入れられている。

　しばしばメディアはパワーエリート（C.W.ミルズの言葉を用いるならば）による事柄の理解を,基本的なフレームとする[41]。日本メディアの記者クラブ制度はこの例外ではない[42]。これは,陰謀（conspiracy）の結果ではなく,社会的・構造的要因によることである。つまり会社の規模,会社組織の社会的地位,収入源としての広告への依存,公的な情報への依存,外部の権力中枢（政府や大企業）からの圧力に対する脆弱性,資本主義,反共産主義,反テロリズムといった支配的なイデオロギーといったものの介入による結果である。リスクに対する国家のディスコースと新聞自身のディスコースとの区別は,したがって,曖昧なものとなる。新聞は,公的な情報源と電力会社からの広告収入に頼っているからだ[43]。

科学,権力,コミュニケーション
　原発に関するパワーエリートのディスコースに中心的なのは,事故はあったにせよ,原発は基本的に優良な技術だ,という理解である。原発はコストが低く,安全で,環境にも優しく,雇用を生み出し,他国への依存も減らし,加えて,社会的・経済的に費用をかけずに多大な利益をもたらす,などとされてきた。事故が起こったとしても,優良な技術が健康への影響を最小限に抑えることができるので,例えば,スリーマイルやチェルノブイリに関する支配的ディスコースにおいても,事故は人々や環境に対していかなる重大な損害も及ぼさなかったという理解が促進されてきた。

このような見方は，IAEA，WHO（原発事故による健康への影響を評価するのに，IAEAと共同で行うことが義務づけられている），ICRPそして国連といった組織を通じて，国際的なレベルにおいても普及されている[44]。これらの組織は，原子力に好意的な国家やそれらの国の代表によって組織されている。対照的に，国家に支援されている研究がもつような権威をもっていない，独立した科学者によってなされた，それと相反する研究成果は，それほど広く報道されていない[45]。この不均衡は非常に大きく，事故の起こった2年後ではあるが，国連人権委員会理事アナンド・グローバーによる福島の調査報告でも指摘されているほどである[46]。

　科学の実際と科学的な結果のコミュニケーションは，政治や権力の問題と分けることはできない。ラトゥールとウルガー[47]は，最も基本的なレベルにおいても――つまり，実験室のなかで起こる行為においても――科学の実際のやり方は，社会的な相互作用としてあることを示した。この科学の社会的な性質はそこで用いられるディスコースによって示されている。ラトゥールとウルガーは，この科学の社会的な性質を，様態（modalities）から事実への移行として捉えている[48]。例えば，対立し合っている派閥間の論議のなかで，「構築過程における条件」として「～と主張される」とか「～と信じられている」といったフレーズを通して言及されていたものが，最終的にはそのような言い回しが取り除かれ，「事実」となる。ここで重要なのは，科学の発展過程においてしばしば発生するように，事実はいつも様態に押し戻される可能性があるという点だ。それにもかかわらず，科学的観察のこの不安定な性質というのはしばしば忘れ去られる。本章では，健康影響に関する「支配的な事実」――「支配的な」というのを筆者は「好まれる」という意味で使っているのだが――は，2つの新聞のディスコースに共通であると主張される。

　まとめると，筆者は，東電原発危機に際して，リスクのディスコースは2つのレベルで作用したと主張する。1つは，制御可能なリスクに関する構築された不確かさとしてのリスクで，今回の原発危機で起こっている技術的問題の重大性に関して作用している。そこでは，状況が実際それほど悪いかどうかは不確かであるが，そうだとしても状況は制御可能なのだというディスコースが構

成されている。これに対して2つ目は，不確かな「様態」というよりは，望まれる「事実」の伝達における不確かさの削除で，健康への影響に関するディスコースにおいて中心的なものだ。健康に重大な影響を与えるようなことは起こらないということは，確かなこととしてすでに知られているのだ。いい換えると，メルトダウンと爆発のリスクは制御可能な不確かさであり，一方，健康に対する影響の不在はまがうことなく確かなことなのだ。

　2つの新聞におけるリスクのディスコースというのは，原発危機に関する政府の支配的なディスコースからきており，それは，他の同等に妥当な見方を排除することで成り立っている。リスクは，したがって，中央政府の権威主義的なアプローチを支持するように構築されており，このアプローチは，もともと「パニック」を防ぐという理由で取られている。筆者はここで，この危機を政府が扱っているやり方に対して新聞が十分に批判的でないと主張しているわけではない。個々のジャーナリストが何を考えているのかを知ることは不可能だし，ジャーナリストによる政府に対する批判的なコメントをみつけることは可能である。筆者の主張は，ディスコースの主要なトーンは中立ではなく，権力操作の一部となっており，それは，今起こりつつある出来事に対しての「適切な反応」に関して個々人の意見や行動をフレームづけるように作用しているというものだ。日本や，直接に被害を受けた地域に住む人にとって，当時起こっていたことは不確かな危険であった。しかしディスコースは，この状況が提示しているリスクを減衰するためにこれらの不確かな危険を，一方では，制御可能なリスク（メルトダウンや爆発）として，そして，他方では確かな事実（健康への影響なし）としてフレームづけるように作用した。

3　原子力災害の経験的な背景
　　　——東電の役割——

　2011年3月11日午後2時46分，マグニチュード9.0の地震が東日本を襲った。震源地は，東電の福島第一原子力発電所からおよそ160キロ離れた地点，24キロの深さであった。福島第一原発は，6つの原子炉を備えており，地震の際，

1号機から3号機はすべて計画された通り自動的に運転を停止し、4号機から6号機はもともと停止状態であった。しかし、地震により、1号機から4号機は外部電源を失った。余震が続くなか、最初の揺れから1時間も経たないうちに、発電所の5.7メートルの防波堤を乗り越えて14メートルの津波が押し寄せ、これにより、ディーゼルの非常電源が破壊され、発電所は停電の状態となった。炉心溶融が1号機と3号機で起こったが、これは、電力が失われなかったとしても起こっただろう。というのは、海岸沿いにあった水用ポンプを津波が破壊したためである。作業員たちは2号機の地下で爆発音を聞いたといっているが、後になって爆発が1号機と3号機で起こったことが判明した[49]。4号機の炉心は空だったが燃料プールで爆発が起こった。

　発電所は、気象庁の震度計による観測値で、震度6強を経験したことになり、これは発電所の耐震設計仕様を超えていた[50]。原子力安全・保安院(保安院)と東電は、津波がこのような損害を引き起こしたといっているが、地震が1号機の水用パイプにダメージを与えた可能性がある[51]。1号機は1970年に操業を開始しており、1981年に新しい耐震基準を導入している[52]。

　さらに、2006年の原発耐震性再評価に関する政府の要請に対して、2008年の4月、東電は経済産業省(経産省)にその場所において10メートルを超える津波がありうることを報告している。その後2008年10月になって、東電は、869年の貞観地震に基づいたモデルを使って、9メートルを超える津波の可能性があるということを計算していた。これは2009年9月に保安院に報告されていたが、保安院は6メートルを超える津波の可能性しか経産省に報告しなかった。東電は、防波堤の高さを変えることはせず、通産省もこれを容認していた。2011年3月7日に東電は再び、経産省に10メートルを超えることがありうると報告していた[53]。このような経緯があるにもかかわらず、メディアにおいては、地震や津波は「想定外」であるということが広く報道された。

　日隅一雄と木野龍逸[54]は、この言い回しは、2011年3月13日に東電の清水正孝社長(当時)によって記者会見の際に使われたとしている。その場において、清水社長は、津波は予想できるよりも大きかったと繰り返し述べている。日隅と木野によると、清水が津波の大きさが予期できなかったと断言したのは、原

子力損害賠償に関する法律における第2章第3条が以下のように述べているからである。

　原子炉の運転等の際，当該原子炉の運転等により原子力損害を与えたときは，当該原子炉の運転等に係る原子力事業者がその損害を賠償する責めに任ずる。ただし，その損害が異常に巨大な天災地変又は社会的動乱によって生じたものであるときは，この限りでない。[55]

清水社長（当時）は，このようにして，今回の事故が引き起こした損害を賠償することから東電を守ろうとした。
　歴史家であり，東京電力福島原子力発電所における事故調査・検証委員会（政府事故調）の委員である吉岡斉は，発電所近辺の人に対する事故の影響を5つにまとめている[56]。1つ目は，地震や津波によって負傷したりがれきに埋まった人たちは，放射能レベルが高く，救助隊員が20キロ圏内の立入り禁止区域に入ることができなかったため，亡くなった可能性がある。2つ目は，津波のみでなく原発事故の影響もあり，十数万の人々が避難を余儀なくされた。このことがストレスとなり亡くなったお年寄りや病気の人々もいる。それに加えてコミュニティが分散し，何年もの間，多くの住人が帰還することができなくなった[57]。3つ目は，避難区域の外側に住んでいる人々は，政府や東電から何の援助も受けることができない。4つ目は，福島県の大部分は，（原発事故によって）高濃度に汚染された。多くの人々はしたがって，健康のリスクにさらされ，さらに，被曝を最小限にする必要から，様々な自由を束縛されることに直面している。5つ目に，農水産業の人々は，農産物や水域の汚染によって出荷などに甚大な被害を受けた。その他の職業も，放射能の脅威ゆえの商品買い控えによって，影響を被った。
　さらに他の地域に住んでいる人も影響を受けている[58]。第1に，首都圏住民などは事故が拡大した場合，風向き次第では，高いレベルの放射線にさらされる危険があった。子をもつ親は，放射線に汚染されたというだけではなく，停電と生活必需品の不足もあり，子どもを疎開させるかどうかということを真剣に

考慮しなければならなかった。予防原則が防災の基本であるので，現実には疎開が必要ではなかったということは，人々がこのジレンマに直面しなかったということを意味するわけではない。第2に，食糧と水は汚染されていた。第3に，関東地方では，停電があり，特に公共交通機関に影響が出た。駅に設置されているエスカレーターの多くが停止され，心臓や足腰が弱いなど何らかの不調のある者は苦難を強いられた。第4に，東電や東北電力の管轄下において電力不足があったために，電力の使用制限が7月1日から開始された[59]。第5に，原子力事故の損害賠償に要する費用は，税金の使用を避けられないほど巨額なものであり，よって，景気回復を脅かすものであった。

4 原発危機に関する初期報道
—— 爆発の直前（3月12日朝・夕刊）——

　ジャーナリストであるデイヴィッド・マクニール[60]が述べているように，日本のメディアは，主要な商業報道ネットワーク（いわゆるマスメディア）と，その他の独立したジャーナリストや小さな週刊誌といったものに大きく分けられる。マクニールが論ずるところによると，マスメディアの報道は各方面に配慮しすぎて不正確になっており，また後者も，拡大していく危機に関する正確な情報を伝えようとしてはいたが，資源が乏しく様々な制限に直面していた[61]。

　したがって，本章における分析が日本の全メディアに関するものであると解釈することは間違いだろう。しかし，「マスメディア」はそれがもつ資源と対象読者の多さゆえにそう名づけられているわけで，一般の人々に向けてリスクを伝えるものとしての役目は非常に重要なものだ。マスメディア全体に関する考察は本章の範囲を超えるものであるので，2つの主要な新聞である朝日と読売に分析を限定することとする。これらの新聞の読者数はかなりのもので，朝刊（中央および北日本で販売されているもの）に関して，朝日では約481万4174部であり，読売では約652万6511部である[62]。朝日は左寄りとして比較的政府の政策に批判的なスタンスを取るが，読売は右寄りで通常政府を支持するといわれている。

3月12日朝刊――現在への注目と未来の無視――

　朝日朝刊の第1面が,「福島原発,放射能放出も」という見出しを掲げる一方で,読売朝刊の第3面には,「福島第一放射能漏れの恐れ」という小見出しがついた「原発避難指示」という見出しが掲載されている。両紙はこのように,放射能漏れのリスクについて明言しており,朝日ではそれが第1面の記事となっている。朝日の記事は,1号機および2号機の緊急炉心冷却システムが電力喪失のため停止したことに言及している。電力は,2号機では部分的に復活したが,両機の水位はゆっくりと低下しており,東電は,「格納容器の損傷を防ぐ」ためにベントの可能性を検討し始めていた。この記事は,「枝野官房長官によると,現時点で放射能漏れは確認されていない」という声明で終わっている。

　ベントによる放射能漏れのリスクが指摘される一方で,記事は,過去の説明とその現在への影響に重点を置いており,未来における損害という重要な問題から遠ざかっている。ベントによるリスクとしては,放射能漏れが,描き出された唯一のシナリオであり,それに対する安全対策の文脈において,制御可能なリスクとして構成された。つまり,それは,1次リスクである格納容器の「損傷」を防ぐために取られる防護策から派生する,受け入れ可能な2次リスクとして構成された。しかしながら,格納容器への「損傷」が,どのようなリスクを含意しているかには触れられず,単にどんな結果ももたらさない出来事として描かれた。記事は,現在のところどんな損害も「確認」されていないという枝野官房長官のコメントで終わっているが,これは,損害があるがまだ確認されていないという可能性を明言しないままに残している。

　対して,読売は,枝野官房長官のコメントは引用せず,1号機と3号機における水位下降のリスクに焦点を当てた。記事は,ベントによる2次リスクには触れておらず,代わりに放射能漏れのリスクを,東電が回避に努めている未制御の一次リスクとして位置づけている。記事は,水位が計測できていないことを述べ,水位下降のリスクを未確認のリスクとしている。読売は,もしこの状態が続けば,「炉心の損傷」と「炉内の圧力上昇」が起こりうると記している。これは,最悪の事態においては,「外部に放射性物質を放出する」ということ

を意味している。この記事は，保安院の説明として炉心は現在冷やされているが，あと10時間しかもたず，それ以降はさらに対策が必要であるが，原子炉は多層レベルの防護を有しており，いずれは冷却されるとしている。この読売の記事は，核燃料は防護されており，「チェルノブイリ原発で起きたような炉心溶融」のリスクは「高くない」と結論づけている。ここで，ベントによる2次リスクは削除され，制御されていない放射能漏れという1次リスクは，直接には関係のない最悪の事態（チェルノブイリ）と比較することによって，減衰されてしまっている。

　12日の朝日朝刊の第4面には，3月11日午後5時と7時45分に行われた枝野官房長官の記者会見の要旨が掲載されている。一方，読売は，これを掲載せず，第7面に菅首相のメッセージを再現している。ここに存在しているのは，朝日と読売の原発についてのディスコースではなく，政府官僚のそれである。

　特定されていないリスクを減衰しようとして，首相は，放射能漏れは確認されていないことと，「国民の皆様の安全を確保」し，「被害を最小限に抑える」ために，「緊急災害対策本部」を設置したと述べた。朝日に掲載された枝野官房長官のより長いディスコースも同様に，現在の状況の検討に限定されていた。そこでは，原発において電力喪失が何を意味するかはまったく説明されておらず，彼らが防ごうとしているリスクそのものよりも，むしろそれに対する防護策に焦点が当てられている。最悪の事態について考察していないことに加えて，官房長官は，その状況を「事故」ではなく「事象」と述べ，直接的にリスクの重大性を減衰している。さらに，首相と同様に官房長官が人々に落ち着いて行動するように訴えたことは，人々が取りうるリスク防護の範囲を規定する役割を果たした。つまり，無言のメッセージは，政府の指示に従うことが落ち着くことで，それは社会的にも容認される行いであるが，パニック反応は，政府によっても社会的にも容認されない行為である，ということであった。

　朝日の第5面には，原子炉の問題についての幾つかの記事がある。大見出しは「原発想定外の事態」である。これは，読売の第5面に掲載された「原発「想定外」の危機」という見出しと類似している。朝日のその右側の面には「空だき防ぐECCS動かず」という見出しの記事があり，「原子炉が空だき状態

になるのを防ぐため」に原子炉を冷やすという試みが行われたことを詳しく述べている。2号機に特に注意が払われ，もし水蒸気が充満すれば，その圧力が「原子炉」を破損し，「放射性物質が外部に漏れ出す可能性がある」というリスクについて述べている。「止める」，「冷やす」そして「閉じ込める」として知られる，原子力に関する3つの安全原則があるが，この朝日の記事は，そのうちの1つが「崩れた」と述べている。しかしながら，導かれた結論は，たとえ「圧力容器」から放射能が漏れるとしても，それには時間がかかり，それは「格納容器」に閉じ込められるはずである，というものであった。加えて，爆発という1次リスクには言及されず，1次リスクの防護策としてのベントはオプションとして残された。

　読売は，第一原発における電力喪失と冷却能力喪失に焦点を当てており，「止める」，「冷やす」そして「閉じ込める」の3原則には触れているが，その現状や起こりうる結果については何も語っていない。ベントによるリスク防護策についても同様である。読売は，何が「大きな被害」なのかを明記することなしに，「大きな被害は防げるのか」という疑問を提示した。この記事の隣では，「炉心冷却装置空だき防ぐ「ブレーキ役」」と題して，作動しなかった冷却システムの本来の役割について議論している。この読売の記事は，「炉心が溶けて損傷する」ことが最悪の事態であるとして，スリーマイル島原子力発電所事故（TMI）を参照したが，それ以上の詳細は述べず，この「損傷」が原子炉外の生命にどんな影響を与えるのかについては何ら説明していない。制御棒が差し込んであるので，「炉心が過熱し続けるようなことは起こらないはずだ」と表明した後で，その記事は，この未来のリスクから原子炉内で何が起こっているかを知ることができないという現在の問題に焦点を移した。

　上述の朝日の記事は，「原子炉に損傷なし」と題された記事の隣にあり，一方上述の読売の記事は，「放射能漏れは？」という小記事の隣にある。2つの記事は，原子炉は安全で，放射能が漏れないように頑強に建てられていると強調していた。朝日の記事は，「原子炉」に損傷はなく，放射能は探知されなかったとしている。読売の記事は，防護策に詳細に触れ，もし「燃料の損傷」が起きれば，最も危険な放射能漏れが起こるであろうが，これは「確率的に低い

現象」であるとした。そして，たとえ炉心が損傷しても，それは保護されており，「簡単にはウランなどの放射性物質が漏れ出すということはない」と結論した。

朝日の記事は，「原子力緊急事態宣言」の再録の隣に掲載されており，読売の記事は，宣言が出されたことの説明の後に掲載されている。朝日によって再現されたこの宣言は，「現在のところ」放射能漏れは探知されておらず，それゆえ，国民は特別な措置を講じる必要はないと，繰り返している。人々は避難を急ぐべきではなく，ニュースに従って家で待機しているべきなのだ。放射能漏れが探知されていないという事実は，記事の終わりでも繰り返され，人々は「落ち着いて」いることを要求されている。読売は単に，放射能漏れは報告されていないと述べている。

朝日と読売の両記事において，放射能漏れのリスクは言及されたが減衰されており，対照的に，安全対策の有効性は増幅されている。またもや，焦点は現在に集められた。防護策は，それが防ぐはずのリスクの分析やベントのような防護策そのものが引き起こす2次リスクの分析なしに提示されていた。読売では，現行の防護策が上手くいく可能性が高いことを匂わせながら，水蒸気が充満するには時間がかかるとして，ベントのリスクは無視された。

両紙において，「最悪の事態」という概念の使用は，原子炉が損傷していないという事実を増幅させた。そのメッセージは，最悪の事態が起こるだろうというものではなく，最悪の事態は回避されたというものである。当然，それ以外のことはそれほど悪くないはずであろう。原子炉が損傷していないということは，もちろん真実であったが，しかしそれは2次的な問題である。主要な問題は，冷却装置が大規模に失われたことによりもたらされた損傷と，原発の耐久性の不確かさによるリスクである。繰り返しになるが，朝日においては，極端に高温である4つの原子炉を冷やす能力が欠如しているということが何を含意するかということについては述べられていない。読売は，そこまでも言及していない。加えて，原発の作業員が極端に困難なリスク防護策を実行しようとしていた凄絶な状況については，どちらの新聞においても触れられなかった。

「燃料が高温で溶け，炉心の爆発」というリスクに唯一言及していたのは，

朝日第5面の「編集委員」による意見記事である。それは正しい評価であったが，その状態が，「大事故一歩手前」だったTMIのようだと述べることでリスクを減衰している。この比較が問題なのは，TMIがそれ自体「大事故」ではなかったかはまったく明らかでないからだ。事故が大きいか否かは価値判断による。TMIが健康に与えた被害は，正式に発表されたものよりも大きかったという証拠が存在するにもかかわらず[64]，TMIは，上手く回避された最悪の事態としてか，またはあまりひどい結果にならなかった事態として，支配的ディスコースにおいて習慣的に言及されている。

3月12日夕刊（1）——防護策への集中と語られないリスク——

　読売夕刊の第1面の見出しは，「福島第一・第二原発圧力下げ難航」であり，副見出しは，「水位低下燃料棒露出」である。格納容器の圧力を下げる唯一の手段としてベントが検討されてきたが，作業員が手動でバルブを開けるには放射能レベルが高すぎるので，仮設消防用ポンプで冷却することを継続していると記事は伝えている。燃料棒の一部が露出し，炉心において「何らかのトラブルが起きている可能性もある」が，炉心溶融や爆発などのリスク事象についての説明はない。これらのリスク事象は，「何らかのトラブル」という曖昧な言い回しで包み込まれ，また「可能性」という言葉で表現された。代わりに，記事の焦点は，実行中の防護策に当てられている。記事は，第一原発の1号機から1.5キロにある正門ゲートで，放射能レベルが70倍に達し，その結果，政府は避難勧告の範囲を半径3キロから10キロに拡大したと報告している。さらに，中央制御室の放射能レベルは，通常の1000倍に当たる1時間150マイクロシーベルトに達したと述べている。しかし，ベントがまだ行われていないのに，なぜ放射能濃度が上昇したのか，また，この放射能濃度上昇がどのようなリスクを意味しているのかについては，一切説明がなされていない。

　読売夕刊の第3面には，「原発制御危険水域」という見出しが掲げられている。主要記事は，「冷却機能が喪失」という見出しで「半径10キロに避難指示を拡大」という副題がついている。同記事は，基本的に第1面にあるのと同じ情報を掲載しており，「炉心トラブルが発生している可能性も出てきた」とい

う文で締めくくられている。また，最悪の事態とは一体何なのかを定義することなしに，「最悪の事態は回避できるか」というという疑問を提示し，そしてさらに，どの放射能測定値について語っているのか特定せずに，1時間あたりの放射線量は胃のX線撮影の約4分の1に当たると続け，ありふれた医学的処置との類似性を構築することを通して，測定値を正常化している。

　読売夕刊の第3面の「保安院の想定超す」と題された記事は，政府文書によれば，2号機における最悪のシナリオは「溶融」が起こることであり，政府は，「爆発を避けるために」ベントを行う可能性を探っていたが，これは必要なくなったと述べている。代わりに今危険なのは1号機であるが，再び，ベントは爆発を防ぎうる，受け入れ可能なリスク防護策としてもち出され，ベントが「爆発」を防ぐことができないかもしれないというリスクについては何も述べられなかった。

　1号機に関して，その記事は，「燃料の溶融が起きていてもおかしくない」としているが，しかし，「現時点では放射線量は少なく，燃料の損傷を示すような異常は検知されていない」とつけ加えている。しかし，その後同記事は，「すぐ炉心溶融につながる最悪の事態に発展はしないものの……何らかの燃料棒の損傷や異変が起きている可能性がある」と続け，自ら矛盾を引き起こしているように見える。つまり，一方では，炉心溶融という最悪の事態，またはそれが「すぐに」起こることを除外し，「現時点」では放射能レベルが低く，探知された「損傷」はないと論じているが，また一方では，「損傷」の「可能性」があると示唆しているのである。その記事が全体として行っていることは，「すぐに」メルトダウンする可能性を除外し，爆発よりも放射能漏れに言及し，現時点での具体的な証拠の欠損に焦点を当てることにより，燃料損傷のリスクについて言及しつつも，それが引き起こす結果を減衰することであった。

　同記事は続けて，それにもかかわらず，爆発と大量の放射能放出のリスクがあることを認め，もしそれが起きれば，TMIと同じ最悪の事態になるだろうと述べている。しかし，ここでも再び，健康には甚大な被害を与えなかった事故として一般に受け止められているTMIが，リスクを減衰するためにもち出されている。もっとも，この比較は不適切である。なぜなら，TMIは，部分

的な炉心溶融でありメルトスルーではなかったし，TMIには合計2つの原子炉しか存在せず，放射能は損傷した1つの原子炉からのみ漏れたのである。またTMIは，沸騰水型原子炉ではなく，加圧水型原子炉を使用しており，建物の構造に損傷があったわけでもなく，発電施設の停電もなかった。

　朝日の第12面には，「放射能放出5万人避難」という大見出しが掲げられている。その面の主要記事は，「1号機，燃料棒露出」と題され，「大量の放射性物質が外部にもれるのを防ぐため」と原子炉格納容器の損傷を防ぐために，1号機にベントの制御が行われたと説明している。加えて，東電の第二原発の1号機から4号機に対して，ベントの準備が行われており，政府が第二原発に対して，緊急事態宣言を出したことを伝えている。保安院によって午前10時に開かれた記者会見で，東電は1号機の燃料棒の一部が露出しており，「燃料の一部が溶けるなど何らかの損傷を受けている可能性が高い」という情報を提出している。これ以上の水位下降を防ぐために東電が水を注入しており，ベントを実施すれば，現場の放射性レベルが最大64ミリシーベルトまで上昇するだろうとその記事は伝えている。同記事はまた，現場の8つのモニターは機能しておらず，東電は手動計測に頼っているとしながら，原発作業員の1年間の被曝量は，50ミリシーベルトであると書いている。ここでの含意は，64ミリシーベルトという数字がそれほど高いものではないということである。しかし，この記事は，その64ミリシーベルトがどのくらいの時間単位（1時間なのか1年なのか）の値かという重要事項を与えておらず，意味のないものとなっている。

　「圧力逃す窮余の策」と題される朝日の記事は，格納容器に対する「損傷」のリスクを強調し，ベントが圧力を減少させるであろうことを述べている。そして，反原発の専門家，小出裕章の言葉を引用し，「かつて原発にはこうした〔ベントを行うための〕弁すら設置されていなかった。政府は原子炉内の圧力が高まるようなことはありえないと言ってきた」と伝えた。同記事は，高温になって「爆発」する可能性につながるので，炉心溶融は避けられなければならないと続く。記事は続けてTMIに言及し，発電所から半径80キロメートル以内にいた人々は，0.01ミリシーベルトの放射能に被曝したと伝えている。さらに

2人の専門家の意見が引用されており，1人は，第一原発は老朽化しており，圧力に抗しきれない，だからこそ，東電はベントの実行を決断したのだと述べ，もう1人は，ベントは最後の手段であるが予期される手段であったとし，もし，ベントを実施しなければ炉心溶融が起こり，住民の避難は，半径50から100キロメートルの範囲にまで拡大されるだろうと述べている。

　この2つの記事においては，爆発の可能性が挙げられているが，それは，ベントというリスク防護策と併置されている。両記事は，爆発を防ぐためにベントが実施されると繰り返し述べているが，ベントを実施したとしても爆発が起こるかもしれないリスクについては言及していない。語られていない前提は，実行されているリスク防護策は効果があり，全状況は制御下にあるということである。実際には，東電は4つの原子炉を制御できなくなっており，大爆発が潜在していたことについては，何ら触れられていない。炉心溶融という考えもまた制御という概念でフレームされている。「一部分」が溶融したと伝えられたが，炉心溶融が一度始まってしまえば，現実にはそれを阻止することは難しいというリスクには触れられなかった。

3月12日夕刊（2）——専門家によるリスク減衰——

　朝日夕刊の第5面は，1号機に集中している。「原発IAEAも注視」という見出しの下，記事は原子力推進派である2人の専門家の言葉を引用した。1人はドイツ人で，ベントを行うことは正しい判断であり，炉心溶融という最悪の事態よりは，断然よい判断であるとした。これに，イギリスの専門家が，1号機の設計は，欠陥のあったチェルノブイリとは異なる設計であると続けた。彼は，福島第一原発は，地震と津波により想像を超えるストレスにさらされているが，事態はTMIのケースに近く，「建屋の内部」で高い放射能が検出されたことが必ずしも問題なのではなく，「正門付近」で出た高い数値に関する情報がもっと必要だと語った。

　すでに明確になっているように，両専門家による分析には問題がある。建物内部の高い放射線レベルは，深刻な問題を示唆していたし，ベントは炉心溶融を止めなかった。TMIとの比較は，チェルノブイリという無関係な最悪の事

態より好ましい状態として，もち出されているにすぎない。高い放射能レベルを説明するはずの，MK1沸騰水型原子炉の構造の欠陥についてはまったく触れられなかったが，小さすぎる格納容器に過剰な圧力がかかれば，建物のなかに放射性を帯びた水素が放出されることは，原子力業界では何十年も前から知られていることである。[65]

5　原発危機に関する初期報道
──爆発の直後（3月13日朝刊）──

炉心溶融と格納容器の損傷──過去との比較──

　朝日と読売の朝刊第1面は，1号機の爆発の写真を掲載している。朝日はさらに，「福島原発で爆発」という見出しの下，建物が損壊した写真を掲載している。読売もまったく同様の見出しを掲げた。朝日のトップ記事は，「周辺で90人が被曝か」というタイトルで「第一 1号機炉心溶融，建屋損傷」という副見出しがついている。読売は，「第一・1号機炉心溶融の恐れ」という大見出しで「20キロ圏避難　海水注入，廃炉も」という副見出しをつけた。朝日のトップ記事は，水素爆発が起こったことを確認し，続いて枝野官房長官が格納容器の損傷はないと発言したこと，東電は問題の拡大を回避するために原子炉を冷却し続けていること，そして，近くの学校のグラウンドで避難を待っている間に，90人の人が被曝した可能性を伝えている。さらに，朝日の記事は，大量の放射線を放出することにつながる爆発のリスクを高めることになるので，炉心溶融は最悪の事態であると，書いている。最後に，同記事は，保安院が国際原子力事故評価（INES）に基づいて，今回の事故がレベル4であり，それは1999年の茨城県東海村ジェー・シー・オー臨界事故（JCO）と同等であると位置づけた。

　読売もまた，水素爆発が起きたことを伝え，4人の作業員が負傷し，原発の外にいる3人の市民が「被曝した」こと，そして，「保安院は炉心の溶融した可能性を指摘」したと述べている。朝日と同様，読売も枝野官房長官の記者会見に言及し，「残存した格納容器には損傷はないが……一部が高熱で溶ける炉

心溶融が進み，過酷な事故に発展する恐れがある……」という独自の表現でそれを伝えた。

　朝日は，「半径20キロ避難指示」と題された隣接記事において，専門家集団が「新たなリスクはない」と判断したと伝え，避難区域を20キロから30キロに拡大したのは，「念のため，万全を期すため」であるという官房長官の発言が再び引用されている。読売は単に避難区域拡大を伝えている。

　朝日の記事は，「現場敷地内境界」では1時間に1015マイクロシーベルトが計測され，これは人が1年間に浴びる放射線量の平均であるとしている。そして，1時間あたりの平均被曝量を挙げ，原発作業員においては，1年間に50ミリシーベルトが限界であり，100ミリシーベルトが被曝の閾値であることを述べている。放射能の測定に関する議論は，午後3時36分の爆発後，放射能レベルが70.5マイクロシーベルトに下がったという報告で終わっている。

　読売もまた，放射能の数値を報告しているが，爆発の直前は1015マイクロシーベルト，直後では806マイクロシーベルト，爆発の3時間後においては70.5マイクロシーベルトであったと伝えている。読売は，法的な被曝線量の比較については触れておらず，放射線レベルが下がったとだけ伝えている。

　「最悪の事態回避へ懸命」と題された，朝日のもう1つの記事は，「最悪事態の回避にぎりぎりの模索を続けている」ことに触れている。同記事は，重要なことは格納容器が損傷しているか否かであるが，枝野官房長官が，格納容器は損傷しておらず，放射線のレベルはそんなに変化していない，と語ったと伝えている。そして，建物は完全に破壊されたようにみえるものの，「最悪の事態は免れたといえる」と述べている。記事のなかにみられる1つの警告は，ベントのバルブ（弁）が開かれたために，格納容器はその防護機能を喪失したというものであった。記事は続けて，第一原発の事故を，チェルノブイリとTMIの事故と比較し，TMIでは大量の放射能は放出されなかったので，今回は，おそらくそれよりは幾分悪い状況であろうと述べている。加えて，十分な説明のない夜間の避難命令は不信を生むだけだとして，炉心と放射線レベルについてのより多くの情報を求め，東電が最悪の事態を回避するために，海水注入を行っているということを告げて終わっている。

両紙における爆発の写真と，朝日における損傷した1号機の写真の掲載は，爆発の規模を示す重要な表象である。朝日に報道されたように，炉心溶融という言葉の使用とそれが最悪の事態であるということは正確だったが，これらの情報は，リスクを減衰するために設計された情報に埋もれてしまった。焦点は，格納容器は損傷がなく，冷却は続行中ということに当てられている。これが意味するのは，真の最悪の事態は，今起こったばかりの爆発ではなく，制御は維持されているということである。

　読売では，「格納容器に損傷はない」という表現は引用としてよりも，事実として述べられている。他方，それほど深刻でないにしても，何らかの事態は起きるかもしれないという可能性を残すために，「可能性」と「恐れ」という言葉にかなりの比重が置かれている。

　避難区域の拡大に関して，朝日では，現状においては必要ないものの，まだ起こっていない最悪の状態においてのリスク防護策として言及されている。朝日においてなされた被曝の比較は，すべて外部被曝に関してであり，放射線の測定値は通常より高いものの，日常生活の限界を超えるものではないとされている。放射性降下物は内部被曝を引き起こすということについては何も述べられていない。両紙において焦点は，測定値が下降したことに当てられており，より高い数値がどこかで測定されるかもしれないことについては，両紙とも触れていない。

　朝日の2番目の記事は，東電の原子炉への海水注入案が正当なリスク防護策であるとしているが，海水注入の2次リスクが何であるのか，回避されるべき最悪の事態としての1次リスクが何であるのかについては，何も語っていない。朝日における1999年のJCOとの比較は，前例のないことが起こったわけではないという含意を繰り返し，格納容器の損傷という最悪の事態は回避されたと断定している。同記事によれば，今回の事故は，チェルノブイリとは比較するまでもなく，またTMIよりは若干悪いが，しかし，そもそもTMIはそれほど深刻ではなかったのである。今回の事柄は最悪の事態ではないということをいうためにここでなされているのは，過去の事柄と未来の最悪の事態との比較である。

最悪のケースの操作

　朝日朝刊の第2面は,「放射能見えぬ不安」という見出しを掲げている。この面の大見出しは「原発冷却てこずる」である。朝日の記事は,反原発の専門家である小出裕章の言葉を引用して「燃料が溶けているのは炉心溶融の始まりだ」としているが,小出の引用はここだけである。記事は,爆発が起こり,避難区域が拡大されたと続く。爆発後,保安院は情報を出すことに注意深くなったが,政府は爆発から6時間後,爆発は格納容器で起こってはおらず,放射線は大量には漏れていないので,「最悪の状況は免れた」と発表した。しかし,炉心溶融が格納容器を損傷し,それが放射能を中に閉じ込めておく機能を損失するリスクが未だに存在している。

　対照的に,読売は「海水注入　ホウ酸加え,核分裂抑制」という見出しの下,「福島第一・1号機再利用は困難」という副見出しをつけ,「海水は,海から引いてたくさんの量を利用できるので,冷却の効果が高い」としながら,1号機冷却への努力を描写している。この記事は,その作業の基になっている理論と,東電が直面している経済的リスク,つまり,廃炉の可能性に的を絞っている。

　そして,「福島「レベル4」以上か」と題され,「最悪はチェルノブイリの「7」」という副見出しを掲げた記事が,これに続いている。この読売の記事は,1号機の爆発は「炉心が溶融している」「可能性」を示すと始まっている。そして,チェルノブイリ,TMI,そして1999年のJCOに対する,IAEAの事故基準を紹介している。それよると,JCOはレベル4であり,現在の状況の暫定レベルと同じである。JCOの事故では,3人の作業員が「大きな被害を受けた」。もし,「建屋の爆発と燃料損傷」が深刻な状態で起これば,事故のレベルが上がる「可能性」がある。読売はまた,「被曝医療専門家ら派遣」と題した記事を掲載し,医療専門家が福島に派遣され,「被曝者が出た場合」に備えているとしている。さらに,IAEAが24時間のモニターを行っており,「必要があれば」日本政府に技術的支援を提供する旨を伝えてきたと報じた。その語られていない前提は,今はまだそれは必要ではない,ということである。

　炉心溶融のリスクを挙げている記事がある一方で,リスクの減衰を方向づける情報が支配的である。唯一前述の朝日の記事が,炉心溶融が始まったとする

小出裕章を引用しているが，それ以外の記事は，単なる「可能性」に終始した。炉心溶融は原発関係者のなかで最悪の事態であると定義されうる1次リスクであるが，このリスク事象の意味することについて論じた記事はなかった。代わりに，炉心溶融のリスクは，格納容器の損傷が回避された過去の事例に焦点を当てるやり方で減衰された。いい換えれば，効果的なリスク防護についての思考が，せまりつつある未来のリスクに関する思考を支配したのである。炉心溶融という未来のリスクが，過去の事故との比較というかたちで表現されており，先にも述べたように，この比較は，リスクを減衰するものである。

　読売は，海水で原子炉を冷却するという可能性に的を絞った。チェルノブイリ，TMI，そしてJCOとの比較はIAEAの事故基準との関係においてなされ，そこで，福島第一原発の状況は，JCOと同レベルであるとされた。そこでは，状態が悪化するという可能性に触れてはいるが，それが何を意味するかは探求していない。加えて，1号機での爆発をもってすれば，JCOよりもすでに悪い状況ではないのかという問題や，進行しつつある他の3つの原子炉の問題，そして，破壊された現場の凄まじい労働条件についてはまたしても検討していない。

専門的・技術的フレーミング

　朝日の第3面には，「危機管理ちぐはぐ」という見出しが掲載されている。主要記事は，「避難指示ぶれた情報」と題されている。この朝日の記事は，政府の情報管理を批判し，避難命令が遅すぎること，そして，避難についての指示が不正確と指摘している。3月11日の深夜に発表された政府のメモは，「炉心損傷開始予想：22時20分頃」，「被覆管破損予想：23時20分頃」という内容である。そして，リスク心理学の専門家の言葉を引用して，「パニックを恐れて，余計な情報は出さないという心理が透けてみえる」としている。その専門家は，政府は情報を隠す代わりに，何を知っていて，何を知らないのかを告げるべきであり，これは「危機管理の基本だ。私たちのリスク観はもっと成熟しているのにバカにしている」と述べている。

　隣接の「保安院・東電，「確認中」連発」と題された記事は，記者会見にお

いても情報が十分に得られないとしている。この記事の下方には，短い解説つきの，チェルノブイリとTMIの写真が掲載されており，2005年のIAEA報告によるとチェルノブイリ事故で，4,000人が死亡したとしている。

　朝日のその記事に続いて，「最悪に備えて国民を守れ」と題された社説が掲載されている。その社説は，「大きな爆発」と「炉心溶融の可能性」について述べ，どちらも起こってはならないことであるとしている。その社説はまた，格納容器が爆発で損傷したかどうかは重大な問題であるとして，政府からのより正確な情報を求めており，枝野官房長官が，格納容器が残っていると明らかにするのに5時間もかかったということを指摘している。同社説は，1号機は冷却されているが，原発そのものは「危険な状態」にあるとしつつ，現在の危機的状態の元凶は，「想像もしなかったような大地震が起き，大津波に襲われる」ことであったとしている。そして，それを踏まえて，すべての原発における迅速な安全点検を求めている。

　朝日の記事と社説が，政府の情報管理を批判したことは適正であったが，この記事は，リスクを減衰する政府の方針に沿った他の多くの記事に埋もれてしまっていた。例えば，朝日の第4面にある記事は，菅首相の「1号機が微量の放射能を放出あるいは流出している状態であり」という発言を引用しているが，朝日は，この意見に何の反論もしていない。むしろ，その記事は，その前夜に菅首相と枝野官房長官により行われた，リスクを減衰する方向で設計された幾つかの記者会見の長尺な要旨を載せていた。加えて，第3面の，チェルノブイリでの死者を4000人であるとする2005年のIAEA報告の引用は，東電の危機を多くの死者の出ないものとしてフレームづけしている。IAEAが原発を推進するための権限を有していることや，その報告には異議が唱えられているという事実は伏せられている。原子力業界の専門家により提供された知識は，確立された事実として記載された。

　読売は第3面に，「水素充満爆発」という見出しを掲げ，「福島原発建屋内の酸素と接触か」と題した記事を掲載している。それは，1号機の爆発前と後の写真を含み，「炉心溶融のしくみ」を図解で説明し，2002年に撮られた，1号機と同じ設計の4号機の内部写真も掲載している。読売の記事は，水素爆発が

起こり，炉心溶融は1つの可能性であったと述べている。それは，水素爆発がいったいどのように起こったのかという過去に焦点を当てており，ある名誉教授の「たいへん深刻な状況だ」という言葉を引用している。そして，元原子力安全員の，たとえ圧力容器や格納容器が損傷しておらず，放射能のレベルが低くとも，「まだ安心はできない」，なぜなら，「燃料棒に何が起きたのかがまったくわかっていない」という言葉を引用している。

　隣接する小記事は，「炉内過熱深刻レベル」という見出しで，「保安院は，炉心溶融が起きた可能性に触れた」とし，それが，セシウムが発電所の外で探知された理由であると説明している。これが起こったということは，燃料棒を囲んでいる金属ペレットが溶けてしまっていたに違いなく，高温の状態が継続すれば，圧力容器が溶け，爆発という最悪の事態が起こるかもしれないとしている。

　読売第3面の主要記事は，「原発事故の対応を誤るな」と題された社説である。「大切な安全優先の原則」として，外側の建屋部分で起こった爆発は格納容器には損傷を与えておらず，機能し続けていると伝えた後，ただし，燃料棒は溶け出しており，これは「国内初の深刻なトラブルだ」としている。この社説は，もし東電がもっと迅速に対応していたらこれらのことを回避することができたであろうとも議論している。「問われる危機管理能力」という見出しの下，住民は，「微量とは言え」放射性物質が外部に漏れることなどにより不安に苛まれていると伝え，政府の情報管理は，遅鈍で一貫性がないと批判している。その記事は，「原子力発電は日本の基幹的な電力源となってきた」ので，もし，事故を防ぐシステムが強化されなければ，TMIやチェルノブイリの例にみられたように，「国内外の原発活用が危うくなる」と結んでいる。TMIに関しては，「放射能による外部への影響はなかった」，そして，チェルノブイリの場合は，「消化活動などで30人以上が犠牲となった」としている。

　読売の「水素充満爆発」と「炉内加熱深刻レベル」の記事は，何が起こったかについての，技術的な問題に焦点を当てた。再び，今回はそのケースではないかもしれないという憶測を示しながら，「炉心溶融」の「可能性」について述べている。その記事は，状況の厳しさを強調した2人の専門家の言葉を引用

し，さらなる爆発のリスクを指摘している。これは，燃料の損傷はないとする支配的ディスコースと矛盾する結論を出している点で重要である。しかし，問題は，これらの分析記事が，その周辺に配置された記事，特に社説に比べて扱いの小さい記事だということである。また，隣接する小記事もセシウムの検出を基に，炉心溶融と爆発の可能性を論じており，重要である。しかし，爆発が人々にとってどんな意味をもつのかは，語られないままであった。

　朝日の第7面は，学習塾を経営する寺島邦男の「原発これでは安心できぬ」と題された意見記事であり，電力喪失という基本的な問題に関して全国的な安全点検の呼びかけを行い，「炉心溶融となれば大惨事である」としている。しかしながら，この大惨事がどのような結果をもたらすかについての説明は何もない。「スリーマイルの教訓」と題された読売第20面の記事は，「当初，水が放射線を浴びて生じた水素爆発も心配されるなど，今回の事故の経緯と共通点がある」と述べた後，危機の間に起こった混乱について報告している。そして，今回の事故で，原子力発電所の安全管理において人間が重要な要素であること，「シビア・アクシデント」についての研究が「安全研究」の重要部分であることが実感されたとしている。こういった，TMIとの比較は誤解を招きやすく，福島において実際何が起こっているのかについて，あまり有益な情報を提供しているとはいえない。また，「安全研究」をめぐる意見も，現在起こっている危機にはそぐわないものであった。

海外メディアとリスクの減衰

　朝日の第5面は，「原発で爆発　世界緊張」という見出しで，主要記事は，「アジア，放射能流失を監視」と題し，副見出しは「原発回帰志向に冷水」となっている。その記事は，IAEAが日本政府から，「燃料の溶融が進んでいる可能性が高い」という通達を受けたことが告げられており，アメリカ，ヨーロッパ，アジアからの報告を概説している。同記事は，ソビエト政府がチェルノブイリ事故を隠蔽したこともあり，ロシア国民は日本政府の発表には懐疑的であり，状況はもっと悪いとみている，というロシアの専門家の言葉を載せている。しかし，最後は，ロシアの別の専門家の言葉を引用して，「チェルノブイ

リ事故と根本的に違い，危険性ははるかに少ない」と結んでいる。

　記事そのものは世界から集めた幾つかのメディアの意見の寄せ集めであり，日本の住民が直面している危険についての情報を何も提供していない。爆発の報告は他の国々を緊張させたと述べているが，ロシア国民の「疑い」が報告されており，何か似たようなことが日本でも起こるかもしれないという可能性が，巧妙に示唆されている。結果として，この疑いは正しかったのであるが，再び無関係であるチェルノブイリとの比較で終わっている。

　読売の第9面の「極東での放射能監視強化」という副見出しを伴った「「原発爆発」露で速報」と題された小記事は，ロシア外務省が，日本にいるロシア人に緊急帰国を促す手続きを始めたと報じている。その記事は，チェルノブイリの記憶がまだ新しく，人々は放射能漏れの影響を心配しているとしている。「避難」ではなく「緊急帰国」としながらも，ロシアが取った避難勧告はナショナリズムとして説明された。ロシアは，最悪の経験をした過去により，放射能漏れというリスクに対して，過剰反応を引き起こすかもしれないのである。

　続く「米欧も重大関心」という見出しの記事は，アメリカとヨーロッパからのメディア発信を引用しており，放射能が放出されたということで大変深刻な事故であるとしながらも，「スリーマイル事故ほどの非常事態には至っていない」というニューヨーク・タイムズ（電子版）の引用で結んでいる。

情報とコミュニケーション

　読売の第18面の「官房長官「冷静対応を」」という記事は，「5時間後に爆発認める」という副見出しがついており，枝野官房長官の発言の遅さとその情報の内容不足を指摘している。別の小記事は，「福島県「情報十分にない」」と題して，災害対策本部会議での情報不足を伝えている。最後に，同面の「情報公開早く正確に」と題された短い記事は，あるリスク・コンサルタントの言葉を引用し，正確な情報の迅速な発信が必要であり，そうでないと人は隠蔽を疑うだろう，爆発が深刻な破壊を生じさせているのは想像しにくいことではないのだから，政府は住民の避難を迅速に促すべきである，としている。もう1人，飯田哲也は，格納容器が損傷していないからといって，危険ではないとはいえないし，水素爆発と大規模な放射能漏れという最悪の事態は，未だに起きる可

能性が高く，結果として，「今の段階では，米国のスリーマイル島の事故を超えるような被害が出てもおかしくない」としている。

　読売の社説は，格納容器に損傷はなく，「微量」な放射性物質が放出されただけであるという陳述を繰り返した。その記事は朝日と同様に，もし政府のコミュニケーションが改善されれば，人々の懸念も軽減されるだろうと示唆している。これは，正にその通りであろう。しかしながら，ここで語られていない前提は，その事故は人々が心配しているほどのものではないということである。地震の際に対処できる十分な原子力安全政策の欠如ゆえに人々が直面している，現在の危険には言及されていない。むしろ，議論の大半は，安全政策が改善されなければ，原子力産業は反原発という感情に対峙するかもしれないというリスクに向けられていた。再び，TMIとチェルノブイリの事故の凄絶さを減衰した上で，それらとの都合の良い比較がなされている。

　読売の第8面は，「政府の避難指示後手」という見出しに「範囲拡大「官邸は危機感薄い」」という副見出しを続け，政府の情報開示とその対応の遅さに対する様々な苦情を掲載している。副見出しでも引用された匿名の政府高官は，官邸は危機の感覚をあまりもっておらず，最悪の事態に基づいて動いていないと述べたとしている。耳当たりの良い情報だけが流されているが，それがより人々を不安にしており，さらに経済成長政策の中核に原発を据えているという事実が，廃炉の必要性を認めることを躊躇させているとしている。

　同紙は，第8面の「インフラ輸出原発受注に影」と題した記事において，経済的な関係をさらに探求している。その批判は第10面でも繰り返されているが，朝日で扱われたものと類似している。それは，「東電対応に遅れ」という見出しの下，「経営責任問う声も」という副見出しで，東電の危機対応のあり方と危機回避の失敗を批判している。それは，有効な批判ではあるが，その焦点は，住民が今直面している危険よりも，情報管理に当てられていた。語られていない前提は再び，状況は現在人々が不安に思っているほどには悪くないということである。不安の源泉は，原子炉で何が起こっているかということではなく，政府のメディア戦略にある。政府の不適切な報道発表が，事態が実際より悪いと思わせるように働いたのである。

混乱する健康リスク

　朝日の第2面は，甲状腺がんを防止するためにヨウ素溶液を飲む子どもたちの写真の下に，「救援ヘリを待つ間に被曝」という見出しでもう1つの記事を掲載した。それは，3人が被曝したことを伝える一方で，医療専門家の言葉を引用して，660人が被曝した1999年のJCO事故よりも高い放射線被曝レベルではあるが，「大きな障害になるレベルではないだろう」としている。

　朝日は，3月14日朝刊第7面の，「被曝の影響は微量→まず心配なし，体に付着→除染必要」という記事に至るまでは，放射能漏れについての疑問を提示していない。この記事の上方には，0.01ミリシーベルトから5万ミリシーベルトまでの被曝についての解説図が添付されている。最低は胸部X線での被曝で，最高の5万ミリシーベルトでは，48時間以内に死亡するとされ，現場で測定された値が1時間あたり1.56ミリシーベルトであることも示されている。同記事は，多くの住民がさらされた放射能は「ただちに健康に影響を与える値ではない」とした。加えて，CTスキャンと比較して，平均的な1年の被曝量が紹介され，一度に大量の被曝をするのはより危険であるとしている。1999年のJCO事故では，660人が被曝したが，2000年の調査では，「住民らの被曝量は明らかに健康への影響が出る値ではないとされた」とし，事故当時，治療にあたった医療専門家の言葉を引用しつつ，「今回の被曝線量も，すぐに人体に影響を及ぼすレベルではない」としている。

　続いて同記事は，外部被曝と内部被曝の違いについて述べている。外部被曝は洗い落とすことが可能であり，ある専門家によれば，1999年の事故では，住民がストレスで抜け毛を経験しており，ストレスの方がより心配であると伝えている。内部被曝に関しては，「微量であれば，いずれ体外に排出される」としている。最後に，別の専門家の，被曝前にヨウ素剤を摂取すれば，甲状腺を守ることができるという発言を引用している。

　朝日は，かなり後になって放射線被曝の問題に取り組んだが，放射線被曝レベルについてのこの記事は，専門的に書かれたものとは言い難い。この記事の上に添付された図説は，（福島で計測された）1時間の線量と（原発作業員の法的許容量のような）1年間の線量と（X線等の）瞬間の線量をごちゃまぜにしてしまっ

ており，加えて，これらの測定値は，内部被曝の値ではなく，すべて外部被曝の値であった。また，これらの値が，子どもにも適応できるかどうかの情報は一切なかった。放射性降下物による被曝の健康影響は，その結果が出るまでに長い時間がかかるため，「ただちに」という表現には意味がない。それは，未来に起こりうる事態を無視するために，現在の事象に焦点を極端に集めようとした表現である。

　また，原発事故による被曝と医療上の被曝を比較することは，適切ではない。影浦[66]は，この危機の間に使用された相対的ディスコースに関する明晰な分析において，X線とCTスキャンはそれにより得られる利益があることを指摘している。それらは，医者の診断を可能にするので，治療の方法がみつけやすい。原発からの放射性降下物で被曝することの利益は何もない。

　1999年のJCOという過去の事柄はここでも，リスクを減衰するための事例として使用された。再び，時間枠の問題であるが，JCO事故の発生から，1年後の2000年に健康被害がなかったからといって，長期における影響が何もないとはいえないであろう。内部被曝と外部被曝の相違が言及される一方で，外部被曝については洗い落とすことで，内部被曝については身体本来の防衛力という形で，双方とも防護可能なリスクとして帳消しにされている。ヨウ素剤に関する引用も混乱を招いている。実際人々が，被曝前にヨウ素剤を投与されたかどうかもはっきりしていない。

　さらにもし，内部被曝についての先の記述が本当なら，人体は放射性核種を排出してしまえるので，誰もヨウ素剤を摂取する必要はないはずである。つまり，もし，ヨウ素剤を摂取しなければならないのであれば，その被曝は大きいことを意味することになる。総体的にみて，これらの科学的な情報は，議論の対象とはならない「事実」として提出されており，これらの断定に関する異なった視点からの議論は何もなされていない。

　読売朝刊の第20面もまた，放射能被曝への疑問を挙げている。「吹き飛んだ原発建屋上部」というキャプションを付した大写真を掲載し，その隣には，「被曝対策どうする」という見出しで小さな漫画を掲載している。それには，濡れたタオルで口と鼻を覆う人，衣服を脱いでビニール袋に入れて戸外に置く

人、そして使用すべきではないという意味の×印がつけられた換気扇やエアコンが描かれている。これは、現在避難生活を余儀なくされている人々へのリスク防護策をまとめたものであった。同記事は、放射性ヨウ素が甲状腺がんを引き起こすリスクについて触れ、「特に子どもで甲状腺がんの原因になる」とし、さらに、皮膚を通しての内部被曝を防ぐために、戸外に出るときは、傷を覆う必要があると伝えている。

これに続く「多量の放射線被曝白血病なども発生」という見出しの記事は、避難者を撮影した2つの写真の間に配置され、放射線が専門の医学教授が「一定量以上」の放射線被曝の深刻な健康被害について説明している。「原発周辺で毎時1015マイクロシーベルトの放射線が測定され、その後線量が下がったとしても、かなりの放射線が漏れていたことになる」としており、もし、インスリンが必要な糖尿病患者や、ワーファリンを投与されている心臓病患者が、避難所においてそれらの医薬品を入手できないと深刻な問題となるだろうという、薬剤師の言葉も引用されている。

読売の健康リスクに関する情報は、かなり理にかなったもののようにみえる。まず、TMIの事例がいかに「妊婦や乳児」を優先的に扱ったかを挙げて、子どもが特に敏感であることに言及している。また、今回の放射線漏れによる健康影響に、初めて疑いを投じており、避難により必要な医薬品の入手が困難になることから生じる健康被害の可能性にも目を向けている。

主たる問題は、与えられた情報が、3つの異なった記事に分散され、新聞の20面に埋もれてしまっていることである。さらに、リスク防護策に関する助言は、あまり有効であるとはいえない。例えば、ビニール袋に入れられた衣服をどうすべきかについては、何もいわれていない。それらは洗濯されるべきなのか、破棄されるべきなのか。もし破棄されるべきなら、どう破棄すればよいのか。毎日これをするほどの衣服をもっていない人はどうすべきなのか。濡れタオルで顔を覆った状態で、どのくらい戸外にいることが許されるのか。そのタオルはどのくらい濡れているべきなのか。それはどのくらい効果的なのか。家のなかに入ったらそのタオルをどうすればよいのか。それを洗うのか、破棄するのか。乳児や幼児もまた濡れタオルで顔を覆っているべきなのか。人々が

こういった状況において直面するであろう執拗な疑問に，丁寧な助言が与えられているとはいえない。より詳しい情報が，より明確に与えられるべきであったが，しかし，そうすることは，今回の事故の危険を強調することにもなったであろう。

「危険」というオルタナティブなディスコース

　朝日の第17面，「何が起きているのか」という大見出しは，避難所で2人の子供と一緒にラジオを聞いている男性の写真を掲載している。その主要記事は「安全何キロ離れたら」と題し，住民にヨウ素溶液が処方されたことや，避難者の懸念を報じている。それらは，「子どもの体が心配です」，「これで農業や漁業は非常に大きな打撃を受ける。自宅に帰れるのか……」，「避難を受け入れ終わったと思えばまた避難。最悪の状況だ」，「覚悟はしないといけない。放射線は風に乗って広がる恐れもある。対策はきちんと考えられているのか」，そして，「原発から何キロ離れたら本当に安全なのか，誰にも分からない……住まいに戻れる日がどんどん先になっていく」というものであった。隣接する記事は，「命の危険感じた」として，福島第一原発の作業員が，地震後脱出しようとした際に起きた現場のパニックを紹介している。

　読売の第18面は，「情報二転三転で混乱」という見出しに「住民「何でこんなことに」」という副見出しを伴っている。それは，避難者が地域内放送システムから得る情報と，テレビから得る情報とが異なっていることを伝えている。続く記事は，「もう，家に帰れないかも」と題された記事で，原発危機で直接影響を受けた人々のコメントを載せている。「(埼玉にいる——筆者補足)息子は地震よりも放射能漏れを心配していた。無事だったと知って安心していた」，「放射能漏れは覚悟していた。でも，こんなに早くくるとは……」，「放射能はどうなっているのか，情報がほしい」，「炉心溶融が起きたのではないか。事態がだんだん深刻になっている。家に帰れないことになるかもしれない」，そして，「(2度も避難しなければならず今後——筆者補足)どうなるのか想像もできず不安だ」といった言葉が載せられている。

　朝日の第17面と読売の第18面に掲載された避難者のコメントは，第一原発

で展開した事柄についての,オルタナティブなディスコースともいえる重要な物語を提供している。それらは,制御可能なリスクという支配的ディスコースにおいては言及されていない危険についての懸念を示すものである。それらは,農業,漁業への影響,放射線の一般的および特に子どもへの影響,限定的または少ない情報が与える恐怖,事故の影響が続く期間どこへ避難すればよいのかわからないこと,いつ家に帰れるのか,帰ることができるのか,というものである。

　読売の第18面は,2人の専門家の言葉を引用して,すでに起こってしまったことが提示している真の危険や,それはもうすでにTMIよりも悪くなっているという事実に焦点を当てている。彼らも,現在のリスク防護策の成功には焦点を当てず,将来への不安と起こっている出来事への制御の欠落に懸念を表明している。住民にとっての状況は,回避された「最悪の事態」に対する比較参照点ではない。1人の専門家が述べているように,住民は実際最悪の事態のなかにあって,「とても不安に感じて」いた。これらのコメントは,両紙全般で展開された安全と制御の支配的ディスコースと対照的である。

6　おわりに

　リスクは,起こりうる出来事の確率と結果の大きさをめぐる未来の可能なシナリオであった。リスクは,将来の損害に対する知的主張であり,それゆえ将来何が起こるのかを知ることができないという事実を反映している。しかし,それは確率論に起源をもっており,また,科学的なやり方に重きを置いていることから,制御や測定そして計算といったことを象徴する。将来の出来事をリスクとして構築することは,したがって次の2つのことを明言していることになる。1つ目は,リスクは管理できるということであり,2つ目は,現在の行動から得られる利益があるということである。

　決定者はリスクという観点で考え,彼らは利益を得るためにリスクを取る。しかし,決定に参与できない人たちはそれを危険として考える。決定によって影響を受ける人にとって,危険は外部のものであり,不確かで,制御不可能な

ものであり続ける。例えば，原発事故は，経済発展の追求という観点から原子力発電所建築を決定した側の視点からすればリスクである。しかし，決定に参加せずまた利益を得ることもない人々にとっては，危険である。この区別は，決定側が周辺住民に危険を押しつけていると認識していたとしても，また反対に，周辺住民が決定側にとってはリスクであると知っていたとしても，成り立つ。

　リスクと危険のこの違いは，重要なものである。というのは，起こったことの責任を決定者たちに帰属させることを可能にするからだ。近代化の下では，科学や技術は，「進歩」という利益を追求するなかで発展してきており，決断，そしてリスクを取るということは，社会のすべての領域において広がっている。ディスコースというのが，専門家から人々に向けて伝達されるものであり，そこで述べることができることの可能性を限定するシステムであるとすると，このような社会におけるリスク合理性の広がりは，ディスコースのなかで観察できる。

　本章では，2011年3月11日における東電の福島第一原子力発電所で始まった原発危機の最初の状況に特化して，朝日と読売という2つの主要新聞に現れたディスコースをみてきた。詳しい分析ができるように，時間枠を制限し，左寄りとされる新聞と右寄りとされる新聞を比較した。SARFの考え方を使って，メディアにおいて，素人のコミュニケーションではなく，専門家のコミュニケーションによって，どの程度リスクが減衰されたり増幅されたりしているのかを調査するのが主眼であった。その結果，原発事故のリスクに関する権威主義的で支配的なディスコースは，リスクを減衰し，社会的な制御や社会的権威を維持する方向で作用したことをみいだした。さらに，こういった支配的ディスコースの使用において，2つの主要新聞の間に大きな違いはみいだせず，逆に類似性が目立っていた。

　今回の事故は，将来的にも深刻な影響を及ぼす可能性があるにもかかわらず，ディスコースは，TMI，チェルノブイリ，JCOといった本質的には無関係な過去の出来事に焦点を当てた。これらの出来事は，あまり重大でない事故の例として語られるか，また，より重大なものとして扱われたときには，今回とは

適切な類似をなさないものとして描かれた。いずれのディスコースにおいても，これらは，今回のリスクの重大性を減衰するように用いられた。

　第一原子力発電所の最悪のシナリオが考慮されるときには，それは常に，すでに回避されたシナリオとしてフレームづけられた。これから起こることに関するシナリオは，リスクを回避するために取られた方策の文脈で語られたにすぎなかった。あるいは，リスクの防護策にのみ焦点が当たり，その策が失敗し，リスクが具現した際の影響といったことは考慮されなかった。実際，リスク防護策とその成功に大きな信頼が置かれ，その防護策は決してリスクとして受け止められることはなかった。

　さらに，人々の健康に対する放射能の影響に関しては原子力推進側の通説を反映して楽観的であった。全体的に，原子力に懐疑的な専門家の言説や現に危険に遭遇している人々の言説よりは，政府や原子力推進側の情報に重きが置かれた。

　この点について，避難者のコメントが両新聞に載せられていたことは賞賛されるべきことであるが，リスク論の観点から最も際立ったことは，それらのコメントが，事象を危険として理解しているということから，支配的ディスコースとはまったく異なる合理性を示したことである。というのは，すべてのコメントにおいて状況は制御されておらず，将来の影響は不確かであるという鋭敏な認識が表出していたからである。ここに，何らかの利益を達成するためにリスクが取られているという概念はない。自分たちの意思に反してさらされている危険というのは自己利益的な行動の裏側ではないのだ。それらは，利益追求のなかで事故のリスクを取った東電の決断者や政府の決定によって，引き起こされたものだ。

　リスク合理性は，原発の技術的な問題に特化した，望ましくない将来のシナリオの可能性を減衰するために使用されており，医学的な知識の確かさは，好ましくない健康影響の可能性を減衰するために使用されていた。どの場合も専門家の知識というのが，支配的ディスコースを通して，権力を行使するために使われ，技術的な問題の制御不可能性や，健康影響への不確かさを強調したオルタナティブなディスコースはほとんど無視された。これは，個人のジャーナ

リストの咎（とが）というよりは，マスメディアシステムに固有な構造的な問題についての観察である。そしてさらに，大きな災害のなかで何が起こっているのかを把握するのにまつわる複雑性の結果でもある。情報源が協力的ではない場合はさらにこの複雑性は増強される。

　上記のすべてのコメントは後知恵であるといわれるかもしれないが，それはまさにその通りであり，またそれがポイントなのだ。つまり，過去の時点の説明の有効性を評価できる立場にいるのは，私たちが今になって何が起こったのかを知っているからだ。私たちが東電の第一原子力発電所の事故から学んだことは，もし別の危機が起こったならば，正確な情報をメディアに頼ることはできないということである。原発が日本や他の場所で操業し続ければ，私たちは将来の事故の可能性に直面し続ける。

　もっとも，今回の支配的ディスコースにみられた中央での集権的管理にもかかわらず，東電の事故は実際には自己責任[67]の余地を残している。石川と辻本が[68]明らかにしている通り，危機管理の本質は最悪の事態を想定し，個人のレベルで事前に備えをすることだ。様々な場所で起こっている他の危機でもわかるように，単に「落ち着いて」いたり，何をすべきか政府から指示されるのを待っているのでは，生存の機会を最大化することにはならないだろう。災害を収束したり，人々を救助するための，組織立った努力に協力すべきなのはもちろんである。しかし，それに加えて，自分自身と周りの人々の利益になるように自立して決断したり，行動したりする必要がある。

注
1) この危機は，しばしば「フクシマ」という言葉で言及されるが，これは，この危機を引き起こした組織，つまり，東電から注目や責任をそらしており，また，実際はそうでないにもかかわらず，福島だけが被害にあったように示唆しているように思える。
2) Kasperson *et al.*（2000: 232）; OECD（2003: 30）
3) Fischhoff *et al.*（1981: xii）
4) Adams（1995: 7-27）
5) Rosa（2003: 50）
6) Rosa（2003: 63）

7) Luhmann（1993: 19）
8) Adams（1995: 30）
9) Luhmann（1993: 11）
10) 本書第2章参照。
11) 本書第1章参照。
12) Luhmann（1993）
13) Luhmann（1993: 30）
14) 詳しい議論は，Williamson（2013）を参照。
15) Luhmann（1993: 107-109）
16) Loon（2000）
17) Adams（1995: 15-16），本書第1章も参照。
18) Beck（1986=1992: 30）
19) Beck（2002: 40）
20) Douglas（1985; 1966=1972）
21) Giddens（1990: 27）
22) Lash（1994）；Beck（1995）
23) Kasperson *et al.*（2000）
24) Kasperson *et al.*（2000: 232）
25) Kasperson *et al.*（2003: 37）
26) Kasperson *et al.*（2000: 237; 2003: 37）
27) Slovic（2000）
28) Kasperson *et al.*（2000: 241）
29) Eldridge and Reilly（2003）；Frewer（2003）；Murdock *et al.*（2003）；Susarla（2003）
30) Foucault（2007=2007）
31) Gordon（1991: 8-10）
32) Foucault（1972: 120）
33) Foucault（1972: 107）
34) Slovic（2000b: 411）
35) Kasperson *et al.*（2000: 241）
36) Douglas and Wildavsky（1983）
37) Adams（1995: 57）
38) Goffman（1986）
39) Goffman（1986: 21）
40) Goffman（1986: 21）
41) Herman and Chomsky（1988）；Edwards and Cromwell（2006; 2009）
42) Hall（1998）；Pharr and Krauss（1996）
43) ジャパン・タイムスでディビット・マクニールは，マスメディアと電力会社の企

業的結びつきを指摘している。http://www.japantimes.co.jp/life/2012/01/08/general/fukushima-lays-bare-japanese-medias-ties-to-top/#.Uc-5lz788Vk（2013年6月30日閲覧）。また，以下も参照。http://ajw.asahi.com/article/0311disaster/fukushima/AJ201301170013（2013年6月30日閲覧）。http://www.japan-press.co.jp/modules/news/index.php?id=1993（2013年6月30日閲覧）。

44） 本書第2章参照。

45） 例えば，政府の方針に賛同しない専門家たちの以下の会議を参照。http://www.totalwebcasting.com/view/?id=hcf#（2013年6月30日閲覧）。多様な側面についての詳細な討議に関しては，以下を参照。http://japanfocus.org/Japans-3.11-Earthquake-Tsunami-Atomic-Meltdown（2013年6月30日閲覧）。TMIに関する別様の見解については，以下を参照。http://www.tmia.com/taxonomy/term/12（2013年6月30日閲覧）。チェルノブイリについての別様の情報については，以下を参照。http://www.nirs.org/mononline/nm724.pdf

46） http://japanfocus.org/events/view/184（2013年6月30日閲覧）．

47） Latour and Woolgar（1979）

48） Latour and Woolgar（1979: 176）

49） ガンダーセン（2012: 22-25）

50） http://www.jma.go.jp/jma/en/Activities/inttable.pdf

51） 吉岡（2011: 365）

52） http://woody.com/wp-content/uploads/2011/06/A-PRA-Practioner-looks-at-the-Great-East-Japan-Earthquake-and-Tsunami.pdf

53） 日隅・木野（2012: 59-62）

54） 日隅・木野（2012: 49）

55） http://www.oecd-nea.org/law/legislation/japan-docs/Japan-Nuclear-Damage-Compensation-Act.pdf　http://law.e-gov.go.jp/htmldata/S36/S36HO147.html#1000000000003000000000000000000000000000000000000000000000000000（2013年6月30日閲覧）．

56） 吉岡（2011: 373-374）

57） さらに現在，自殺や虐待，孤独死，家庭内暴力といったものが，避難している成人の間で起こっており（朝日新聞，2012年3月1日，2013年11月9日，2014年3月14日），子どもたちの間では肥満が問題となっていることも明らかとなっている（産経新聞，2013年12月13日）．

58） 吉岡（2011: 375-378）

59） 東京を5つのグループに分けての，計画停電が3月14日から実施された。1回の停電は3時間から3時間半程度であり，ときに1日に2回実施された。それは，週末を除いて3月28日まで継続され，その後は必要に応じて実施されたが，4月8日，東電は計画停電の終了を宣言した（吉岡（2011: 376）を参照）．

60） マクニール（2013: 137）

61） マクニール（2013）は，マスメディアの均一性とまったく不十分な報道内容を，記者クラブというシステムの複雑性と従業員の肉体的リスクを避けようとする企業風土に結びつけている。
62） http://adv.yomiuri.co.jp/yomiuri/busu/busu01.html（2013年6月30日閲覧）．
63） 「国民の皆様」という表現は，日本国内には非日本人も多く存在していることを無視している点で，排他的であることに留意。
64） http://www.tmia.com/taxonomy/term/12（2013年6月30日閲覧）。
65） http://fairewinds.org/media/fairewinds-videos/new-containment-flaw-identified-in-the-bwr-mark-1.（2013年6月30日閲覧）。
66） 影浦（2012: 98-108）
67） 本書第3章参照。
68） Ishikawa and Tsujimoto（2009）

参考文献

Adams, John, 1995, *Risk*, Routledge.
Beck, Ulrich, 1986, *Risikogesellschaft: Auf dem Weg in eine andere Moderne*, Suhrkamp Verlag.（=1992, *Risk Society: Towards a New Modernity*, Mark Ritter trans., Sage）（= 1998, 東廉・伊藤美登里訳『危険社会――新しい近代への道』法政大学出版局）
――, 1995, *Ecological Politics in an Age of Risk*, Polity Press.
――, 2002, "The Terrorist Threat: World Risk Society Revisited," *Theory, Culture & Society*, 19（4）: 39-55.
Douglas, Mary, 1966, *Purity and Danger*, Routledge.（= 1972, 塚本利明訳『汚穢と禁忌』思潮社）
――, 1985, *Risk Acceptability According to the Social Sciences*, Russell Sage Foundation.
Douglas, Mary and Aaron Wildavsky, 1983, *Risk and Culture: An Essay on the Selection of Technological and Environmental Dangers*, University of California Press.
Edwards, David, 2009, *Newspeak in the 21st Century*, Pluto Press.
Edwards, David and David Cromwell, 2006, *Guardians of Power: The Myth of the Liberal Media*, Pluto Press.
Eldridge, John and Jacquie Reilly, 2003, "Risk and Relativity: BSE and the British Media," Nick Pidgeon, Roger E. Kasperson and Paul Slovic eds., *The Social Amplification of Risk*, Cambridge University Press, 138-155.
Fischhoff, Baruch, Sarah Lichtenstein, Paul Solvic, Stephen L. Derby and Ralph L. Keeney, 1981, *Acceptable Risk*, Cambridge University Press.
Foucault, Michel, 1972, *The Archaeology of Knowledge and the Discourse on Lan-*

guage, Pantheon Books.

―――, 2007, *Security, Territory, Population: Lecture at the College de France 1977-1978*, Ewald, François, Alessandro Fontana and Arnold Davidson eds., Graham Burchell trans., Picador.（＝2007，高桑和己訳『ミシェル・フーコー講義集成〈7〉安全・領土・人口（コレージュ・ド・フランス講義1977-78）』筑摩書房）

Giddens, Anthony, 1990, *The Consequences of Modernity*, Stanford University Press.（＝2006，松尾精文・小幡正敏訳『近代とはいかなる時代か？――モダニティの帰結』而立書房）

Goffman, Erving, 1986, *Frame Analysis: An Essay on the Organization of Experience*, Northeastern University Press.

Gordon, Colin, 1991, "Governmental Rationality: An Introduction," Graham Burchell, Colin Gordon and Peter Miller eds., *The Foucault Effect*, University of Chicago Press, 1-51.

ガンダーセン，アーニー，2012，岡崎玲子訳『福島第一原発――真相と展望』集英社。

Hall, Ivan P., 1998, *Cartels of the Mind: Japan's Intellectual Closed Shop*, W.W. Norton and Company.

Herman, Edward and Noam Chomsky, 1988, *Manufacturing Consent: The Political Economy of the Mass Media*, Vintage Books.

日隅一雄・木野龍逸，2012，『福島原発事故記者会見――東電・政府は何を隠したのか』岩波書店。

Ishikawa, Akira and Atsushi Tsujimoto, 2009, *Risk and Crisis Management 101 Cases*, World Scientific Publishing.

影浦峡，2012，『3.11後の放射能「安全」報道を読み解く』現代企画室。

Kasperson, Jeanne X, Roger E. Kasperson, Nick Pidgeon and Paul Slovic, 2003, "The Social Amplification of Risk: Assessing Fifteen Years of Research and Theory," Nick Pidgeon, Roger E. Kasperson and Paul Slovic eds., *The Social Amplification of Risk*, Cambridge University Press, 13-46.

Kasperson, Roger E., Ortwin Renn, Paul Slovic, Halina S. Brown, Jacque Emel, Robert Goble, Jeanne X. Kasperson and Samuel Ratick, 2000, "The Social Amplification of Risk," Paul Slovic ed., *The Perception of Risk*, Earthscan, 232-245.

Lash, Scott, 1994, "Reflexivity and Its Doubles: Structure, Aesthetics, Community," Ulrich Beck, Anthony Giddens and Scott Lash, *Reflexive Modernization: Politics, Tradition and Aesthetics in the Modern Social Order*, Blackwell Publishers, 110-173.（＝1997，松尾精文・叶堂隆三・小幡正敏訳『再帰的近代化――近現代における政治，伝統，美的原理』而立書房，205-315）

Latour, Bruno and Steve Woolgar, 1979, *Laboratory Life: The Construction of Scientific Facts*, Princeton University Press.

Loon, Joost V., 2000, "Virtual Risks in an Age of Cybernetic Reproduction," Barbara Adam, Ulrich Beck and Joost Van Loon eds., *The Risk Society and Beyond: Critical Issues for Social Theory*, Sage Publications, 165-82.

Luhmann, Niklas, 1993, *Risk: A Sociological Theory*, Aldine Transaction.

マクニール, デイヴィッド, 2013, 「彼ら対我ら——福島原発危機に関する日本と国際メディアの報道」トム・ギル／ブリギッテ・シテーガ／デビット・スレイター編『東日本大震災の人類学——津波, 原発事故と被災者たちの「その後」』人文書院, 135-164。

Murdock, Graham, Judith Petts and Tom Horlick-Jones, 2003, "After Amplification: Rethinking the Role of the Media in Risk Communication," Nick Pidgeon, Roger E. Kasperson and Paul Slovic eds., *The Social Amplification of Risk*, Cambridge University Press, 156-178.

OECD, 2003, "Emerging Risks in the 21st Century: An Agenda for Action," available at: http://www.oecd.org/futures/globalprospects/37944611.pdf

Pharr, Susan J. and Ellis S. Krauss, 1996, *Media and Politics in Japan*, University of Hawaii Press.

Rosa, Eugene A., 2003, "The Logical Structure of the Social Amplification of Risk Framework (SARF): *Meta*theoretical Foundations and Policy Implications," Nick Pidgeon, Roger E. Kasperson and Paul Slovic eds., *The Social Amplification of Risk*, Cambridge University Press, 47-79.

Slovic, Paul, 2000a, "Perception of Risk," Paul Slovic, *The Perception of Risk*, Earthscan, 220-231.

———, 2000b, "Trust, Emotion, Sex, Politics and Science: Surveying the Risk Assessment Battlefield," Paul Slovic, *The Perception of Risk*, Earthscan, 390-412.

Susarla, Arvind, 2003, "Plague and Arsenic: Assignment of Blame in the Mass Media and the Social Amplification and Attenuation of Risk," Nick Pidgeon, Roger E. Kasperson and Paul Slovic eds., *The Social Amplification of Risk*, Cambridge University Press, 179-206.

Williamson, Piers R., 2013, *Risk and Securitization in Japan, 1945-1960*, Routledge.

吉岡斉, 2011, 『原子力の社会史——その日本的展開』朝日新聞出版。

おわりに

　まずは本書を手にとって下さった読者の皆様に感謝したい。本書は，年齢も国籍も性別も学問的バックグラウンドも異なる3人のリスク社会論研究者による共著である。

　フックは，国際政治学，とりわけ日本研究における国際的な重鎮であり，多数の論文や著作をもつが，近年の研究プロジェクトの1つがリスク研究である。2012年2月に北海道大学メディア・コミュニケーション研究院主催の国際シンポジウムにキーノート・スピーカーとして参加して頂いたことがきっかけで，研究交流が続いている。縁をとりもって下さったリック・シドル先生に感謝する。

　ウィリアムソンは，フックが教授を務める英国シェフィールド大学で，第2次大戦後の日本における安全保障論議をリスク論から分析し，博士論文（ラウトリッジ社から出版）を書いた若手研究者である。2011年から北海道大学外国語教育センターで教育・研究に携わっており，長島の同僚である。

　最後に長島は，もともとは言語学者（生成文法）としてのトレーニングを受けているが，出産・育児を機に，「自分は一体どのような社会に生きているのか」との思いを強め，研究分野を大きくシフトした。環境問題や予防原則などの研究を経て，近年リスク研究に参加している。

　北海道大学メディア・コミュニケーション研究院では，2009年よりリスクプロジェクトを立ち上げており，本書はその活動の1つの成果である。プロジェクトの初期の段階でご鞭撻頂いた山田吉二郎先生，築和正格先生，高橋吉文先生，そしてプロジェクトの発案者である杉浦秀一先生の一貫した励ましに心より感謝する。また，リスクプロジェクトの育成を支えて下さった宮下雅年院長（2010-12年），宇佐見森吉院長（2013年－現在），そして山田義裕副院長（2013-現在）に感謝したい。リスクプロジェクトのメンバーである諸先生方，大学院

生の方々とは，様々な研究会をともにし，学びの機会を頂いた。何よりも研究会に講師として日本各地から北海道にいらして下さった諸先生方に，心からの感謝を捧げたい。

本書の研究の一部は，JSPS科研費（24653111平成24-26年），メディア・コミュニケーション研究院共同研究補助金（平成24-26年）に支えられている。

最後に学術的書物の刊行が困難を増しているなかで，本書の出版をお引き受け下さった萌書房の白石徳浩氏の強いご支援と卓越した本づくりの技に，厚謝する。

本書校正中の2015年1月1日，ウルリッヒ・ベックの訃報が届いた。リスクをキーワードに，近代という時代の意味と構造を読み解き，そしてその再生を，理論と実践の両面で試みたこの偉大な「知識人」に深い哀悼の意を表したい。彼が種をまいたリスク研究の広がり，特に社会科学的観点からのそれは，まだまだ発展の余地があるように思われる。このアリーナに多くの大学院生を含む新しい研究者が登場することを期待して，この書を閉じたい。

 2014年11月29日　紅葉のアルテピアッツァにて

著者を代表して
長島 美織

執筆者紹介

長島 美織（ながしま　みおり）
　北海道大学メディア・コミュニケーション研究院准教授。現在の研究領域はリスク社会論および科学社会学。マサチューセッツ工科大学言語・哲学科博士課程修了。Ph.D.（Linguistics）。「環境リスクと健康リスク」（『国際広報メディア・観光学ジャーナル』2014年），「社会のリスク化と持続可能性」（『メディア・コミュニケーション研究』2014年），「リスク概念の多元性と統合性について」（『メディア・コミュニケーション研究』2013年），「予防的アプローチの起源にみる「情報」と「文化」の関係」（『情報文化学会誌』2006年）など。

グレン・D・フック（Glenn D. Hook）
　シェフィールド大学教授。ホワイト・ローズ東アジアセンター英国国立日本学研究所所長。専門は，日本政治および国際関係論。*Japan's International Relations* (coauthor), Routledge, 2011 (third edition). *Global Governance and Japan: The Institutional Architecture* (coeditor), Routledge, 2007. *Contested Governance in Japan: Sites and Issues* (editor), Routledge Curzon, 2005. *Japan and Okinawa: Structure and Subjectivity* (coeditor), Routledge Curzon, 2003. など多数。

ピアーズ・R・ウィリアムソン（Piers R. Williamson）
　北海道大学メディア・コミュニケーション研究院特任准教授。専門は，リスク社会論および国際関係論。シェフィールド大学東アジア研究博士課程修了。Ph.D.（East Asian Studies）。*Risk and Securitization in Japan, 1945-1960*, Routledge, 2013. "Demystifying the Official Discourse on Childhood Thyroid Cancer in Fukushima," *The Asia-Pacific Journal*, Vol. 12, Issue 48, No. 2, December 8, 2014. など。

拡散するリスクの政治性——外なる視座・内なる視座——

2015年3月20日　初版第1刷発行

著　者　　長 島 美 織
　　　　　グレン・D・フック
　　　　　ピアーズ・R・ウィリアムソン

発行者　　白 石 徳 浩

発行所　　有限会社 萌 書 房
　　　　　　〒630-1242　奈良市大柳生町3619-1
　　　　　　TEL (0742) 93-2234 / FAX 93-2235
　　　　　　[URL] http://www3.kcn.ne.jp/~kizasu-s
　　　　　　振替　00940-7-53629

印刷·製本　共同印刷工業・藤沢製本

Ⓒ Miori NAGASHIMA（代表）, 2015　　　　Printed in Japan

ISBN978-4-86065-090-2